バイクパッキング入門

自転車ツーリングの新スタイル

田村 浩

実業之日本社

Bikepacking

どんな自転車も「旅する自転車」に
変身できる魔法のシステム、
それがバイクパッキング

バイクパッキングなら、いつものロードバイクでキャンプツーリングができる。だから峠越えもロングライドも思いのまま。輪行も難しくないから、気軽に旅立つことができる。信州の木崎湖にて。

キャリア（荷台）が不要だから軽量、そして大容量を実現したサドルバッグやフロントバッグによって、どんな自転車でもツーリングに必要な装備を搭載できる道が開けた。ロードバイクで長期間のキャンプツーリングもできる。これは各種アウトドアギアのUL（ウルトラライト）化が進んだ恩恵でもあり、「重さ」の呪縛から、サイクリストを解き放ってくれる。

1

Point 1

軽さがもたらす可能性

3

サイクリングにはさまざまなスタイルがある。日帰りロングライドや宿泊サイクリング、そしてキャンプツーリングなどが代表的な楽しみ方だ。舗装路と未舗装路という、走るシーンによる区分けもできる。従来、それぞれ最適な自転車や装備は異なるものだったが、バイクパッキングのノウハウがあれば、すべての楽しみ方が高い次元で調和する。

2

1. 北海道の北端に広がる宗谷丘陵。貝殻が敷き詰められた白い道が、サクサク音を立てる。
こんな道をキャンプ装備で軽快に走ることができるのは、バイクパッキングの恩恵だ。
2. 茨城県の霞ヶ浦。整備が進んでいる自転車道を快走。
3. 軽さは走りだけでなく、すべての行動を快適にする。輪行もスムーズ。
4. 宮崎県の都井岬。野生馬が草を食む光景に癒される。
5. 鳥取県の若桜町。左右への張り出しが少ないバッグのおかげで、路地裏にも気負うことなく進んでいける。

5

4

1

Point 2

思いどおりに夜を過ごす

重さから開放されたことで、いつものロングライドと同じ感覚でキャンプツーリングができるようになった。一泊でも気軽にキャンプでき、その経験が一ヶ月以上のロングツーリングも可能にする。選りすぐったギアを使うのは単純に楽しいし、装備のさらなる軽量化・コンパクト化のアイデアが生まれ、サイクリングの可能性が広がっていく。

2

3

4

1. 愛媛県の三崎港に近いキャンプ場。ツェルトの居住空間は最低限だが、入るのは寝る時だけ。どんな豪華ホテルも及ばない開放感に包まれながら、眠くなるまで外にいればいい。
2. 長野県の木崎湖キャンプ場にて。通い慣れたキャンプ場は、「着いた」というよりも「帰ってきた」という安堵感に包まれる。
3. 鹿児島県・南大隅町のキャンプ場。海に浮かぶ秀峰は開聞岳。こんな眺望を独占できるから、キャンプは止められない。
4. どんなにシンプルな調理器具で焼いても、美味い肉は美味い。

大型サドルバッグ、フロントバッグ、そしてフレームバッグの三点が、バイクパッキングにおける「三種の神器」。ここに挙げた装備例が、バイクパッキング式キャンプツーリングのもっともベーシックなスタイルであり、装備内容だろう。バッグはいずれもキャリアを使わずに装着できるから、既存のロードバイクで採用しやすい。ただし、サドルバッグとフレームバッグは、小さなサイズのフレームには付けづらいという根本的な問題も抱えている。また、ドロップハンドルは幅が狭いので、左右ロールアップ式フロントバッグの最大容量を活かすことはできない。

三つのバッグにトップチューブバッグを加えても総容量は30ℓほどなので、従来の4サイドバッグのキャンピングに比べると半分ほどしかない。そのため、各種のキャンプ用ギアを厳選する必要があるし、行動食以外の食材はキャンプ場付近で調達するのが基本。一方、フレームバッグのお陰で自立式テント（102ページ参照）のポールなど長物も収めやすい。ここから一層の軽量化を考えるのが楽しい。

「三種の神器」をフル装備した標準仕様

Bikepacking
Style 1

	モデル名・内容	重量
自転車	キャノンデール・CAAD12ディスク（50cmサイズ）	9,045g
フロントバッグ	アピデュラ・ハンドルバーパック（コンパクト）	215g
トップチューブバッグ	アピデュラ・トップチューブパック（ラージ）	90g
フレームバッグ	アピデュラ・ロードフレームパック（スモール）	130g
サドルバッグ	アピデュラ・サドルパック（レギュラー）	390g
ツールボトル	ゼファール・Zボックス L（中間部を外して使用）	66g
装備	春先の平地におけるキャンプ（テント泊）道具一式	5,837g

総重量

15,773g

＊自転車重量はライト、ポンプ、ハンディGPSなど含む

わずかな力で強い制動力を発揮でき、効きが天候に左右されづらいディスクブレーキは、ツーリングでは非常に有効。フォークやシートステーなどフレーム各部がすっきりするので、バッグも取り付けやすい。本モデルのようなホリゾンタルフレームはシートポストの突き出し量が少ないので、必ずしも大型サドルバッグ向きではないが、フレームバッグは利用しやすい（筆者のサイズでは限りがあるが）。なお、掲載した自転車や装備は必ずしも現行製品ではなく、筆者が任意に仕様を変更した物も多い。重量は筆者が自転車用スケールやキッチンスケールで計った。本文中の表記と異なる数値もあるが、計測時点の数値をそのまま掲載した。

Bikepacking
Style 1

扱いやすいキャンプ道具を過不足なく搭載

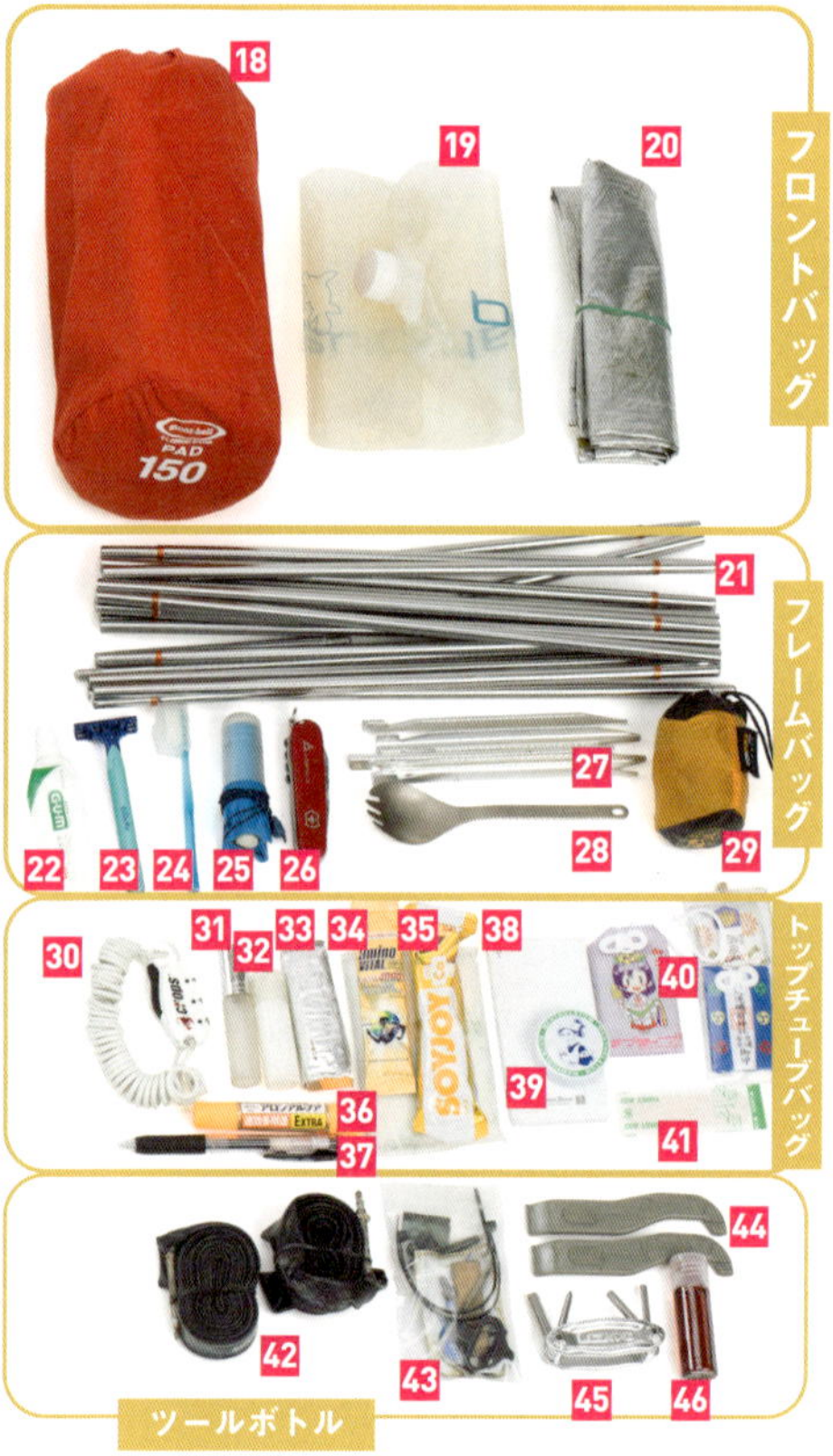

●サドルバッグに収納

1 パールイズミのシューズカバー（130g）2 モンベルのスーパーストレッチサイクルレインパンツ（247g）3 モンベルのU.L.サイクルレインジャケット（174g）4 モンベルの寝袋、U.L.スパイラルダウンハガー #7（413g）5 アライテントのトレックライズ0。本体とフライシート（911g）6 スノーピークのアルミ製ソロクッカー、サラダ油とインスタントコーヒー（252g）7 風防（250g）8 プリムスのガスカートリッジ（168g）9 プリムスのガスバーナー P153（61g）10 モンベルのレイングローブ（74g）11 オーストリッチの輪行袋、SL-100。スプロケットカバー、エンド金具、ブレーキパッドスペーサー（412g）12 ファイントラックのベースレイヤー。キャンプ時に着用（147g）13 ファイントラックのタイツ。キャンプ時に着用（57g）14 モンベルのソックス（39g）15 ラファのビブショーツ（201g）16 ラファのジャージ（239g）17 衣類用スタッフバッグ（40g）

●フロントバッグに収納

18 モンベルのスリーピングマット、U.L.システムパッド150cm（534g）19 プラティパス 2L 水筒（40g）20 SOL のヘビーデューティーエマージェンシーシート。グラウンドシートとして使用（85g）

●フレームバッグに収納

21 テントポール（409g）22 歯磨き粉（8g）23 ひげ剃り（7g）24 歯ブラシ（8g）25 モンベルのミニランタン（74g）26 ビクトリノックスのマルチツール（74g）27 ペグ（40g）28 スポーク（16g）29 ポケッタブルリュック（71g）

●トップチューブバッグに収納

30 ワイヤー錠（92g）31 虫除け（18g）32 日焼け止め（16g）33 羊羹（48g）34 アミノ酸系サプリ（5g）35 ソイジョイ（32g）36 瞬間接着剤（11g）37 ペン（10g）38 モバイルバッテリー（82g）39 メンソレータム（17g）40 お守り各種（21g）41 絆創膏（1g）

●ツールボトルに収納

42 予備チューブ2本（142g）43 パッチ、予備のビス類、ディレイラーハンガー、ナイロンストラップなど（59g）44 タイヤレバー2本（25g）45 携帯ツール（60g）46 チェーンオイル（17g）

最低気温が5〜10℃前後となる北関東の春や晩秋におけるキャンプを想定した装備。より寒い季節・場所でキャンプする場合は、寝袋をワンランク保温力が高い物に交換しつつ、ダウンジャケットなども用意する。それ以上の装備は、バイクパッキングらしい軽快なスタイルで搭載することは難しいだろう。自立型テントやガスバーナーはかさばる荷物だが、使い勝手のよさが魅力だ。

装備合計重量 **5,837g**

サドルバッグ

テントの代わりにツェルト（156ページ参照）を採用することで、バッグのスペースを大幅に節約し、重量を抑えることができる。あわせて調理用のバーナーや寝袋、マットなども見直すことで、フレームバッグなしでも長期のキャンプツーリングが可能になる。一見するとキャンプ泊とは思えないほど軽装であり、ロードバイク本来の走行性能を活かせるから、ロングライドとキャンプを容易に両立できる。今の筆者がもっとも頻繁に利用しているスタイルだ。

こうした軽装が実現できるのは、UL（ウルトラライト）と呼ばれる、現代的なキャンプ道具のおかげである。サイクリングやキャンプにおける軽量化は、ともすれば「金にモノを言わせる」と思われがちだが、シンプルなULギアは意外と安価な製品が多いのがうれしい。ツェルトはテントより格段に安価だし、固形燃料に至ってはバーナー（燃焼器）が不要なので、感覚的にはタダ同然。今ある物を利用する、置いていく物を増やすという工夫も重要だ。

軽装かつ長期ツーリング仕様

Bikepacking
Style 2

	モデル名・内容	重量
自転車	キャノンデール・CAAD12ディスク（50cmサイズ）	9,045g
フロントバッグ	オルトリーブ・アクセサリーパック	180g
トップチューブバッグ	ドイター・エナジーバック	65g
フレームバッグ	ー	0g
サドルバッグ	オルトリーブ・シートパック	425g
ツールボトル	ゼファール・ZボックスL	110g
装備	初夏の広範囲を想定したキャンプ（ツェルト泊）道具一式	4,755g

総重量

14,580g

＊自転車重量はライト、ポンプ、ハンディGPSなど含む

オルトリーブのバッグは、前後とも非常に信頼性が高く、長旅の酷使に耐えてくれる。フレームバッグがないことで、長いドリンクボトルやツールボトルを選ぶことができ、何かと重宝する。旅先で出会ったサイクリストには「これでキャンプできるんですか？」と驚かれることが多く、そう言われると内心かなり嬉しかったりする。

Bikepacking
Style 2

ULギアの恩恵を受けた日本縦断装備

●サドルバッグに収納

1パールイズミのシューズカバー（130g）**2**モンベルのスーパーストレッチサイクルレインパンツ（247g）**3**ニーモのスリーピングマット、テンサー 20S（258g）**4**イスカの寝袋、エア 130X（327g）**5**オーストリッチの輪行袋、SL-100。スプロケットカバー、エンド金具、ブレーキパッドスペーサー（412g）**6**SOL のヘビーデューティーエマージェンシーシート。グラウンドシートとして使用（85g）**7**クッカーを縛るベルクロ（6g）**8**ユニフレームの角形クッカー。小だけを携行（148g）**9**エバニューのチタンカップ、インスタントコーヒー２本（73g）**10**固形燃料３個（78g）**11**チタン製風防（20g）**12**スポーク（16g）**13**100円ショップのスポンジホルダーをゴトクに（16g）**14**エバニューのチタンマルチプレート。燃焼台として使用（14g）**15**蚊取り線香の台（7g）**16**サラダ油（12g）**17**アライテントのアルミペグ６本（45g）**18**ファイントラックのガイライン（48g）**19**ファイントラックのツエルト１（232g）**20**ファイントラックのベースレイヤー。キャンプ場で着用（147g）**21**ファイントラックのタイツ。キャンプ場で着用（57g）**22**モンベルのソックス（39g）**23**アソスのビブショーツ（203g）**24**アソスのジャージ（154g）**25**ショートパンツ（106g）**26**衣類用スタッフバッグ（40g）

●フロントバッグに収納

27モンベルの U.L. サイクルレインジャケット（174g）**28**RAVパワーのソーラー充電器（431g）**29**歯磨き粉（8g）**30**歯ブラシ（8g）**31**ひげ剃り（7g）**32**瞬間接着剤（11g）**33**アミノ酸系サプリ（5g）**34**お守り（21g）**35**ティッシュ（18g）**36**小物用スタッフバッグ（15g）**37**リリースタイ（3g）**38**ポケッタブルリュック（71g）**39**ノート（43g）**40**単３用充電器（80g）**41**USB 充電器（34g）**42**USB ケーブル（20g）**43**充電アイテム用ポーチ（18g）

●トップチューブバッグに収納

44虫除け（18g）**45**日焼け止め（16g）**46**羊羹（48g）**47**ソイジョイ（32g）**48**モバイルバッテリー（82g）**49**メンソレータム（17g）**50**絆創膏（1g）**51**ペン（10g）

●ツールボトルに収納

52予備チューブ２本（142g）**53**ワイヤー錠（92g）**54**パッチ、予備のビス類、ディレイラーハンガー、ナイロンストラップなど（59g）**55**単３形ニッケル水素電池２本（61g）**56**タイヤレバー２本（25g）**57**携帯ツール（60g）**58**カメラの予備バッテリー（40g）**59**チェーンオイル（17g）**60**モンベルのミニランタン（74g）**61**ビクトリノックスのマルチツール（74g）

この装備で5月中旬から約一ヶ月間のツーリングを実践し、鹿児島から北海道まで走った。装備の品目やスペース・重量は、日程の長短よりも、季節の影響を強く受ける。ここで紹介する装備は初夏を想定。だからかなりコンパクトな寝袋とマットを採用した。北海道では6月でも気温3℃まで冷える夜を体験したので、寝袋はもう少し保温力が高い物がよいかもしれない。紙の地図を持たず、ハンディGPSやスマートフォン頼みなので、充電器の類いが多くなるのは致し方ない。

装備合計重量 4,755g

サドルバッグ

バッグの数は少ないほどいい。ダート（未舗装路）やトレイルなどの山道を走るならなおさらだ。そこで、季節を夏に限定して、軽さと小ささを優先したキャンプ道具を選び抜いて、もはやフロントバッグも不要とした。

ツェルトはすでに筆者の基本装備だが、さらに超軽量で小さくなるスリーピングマットや寝袋代わりにシルクシーツを採用。気温が20℃を下回らない夏のキャンプなら、これらで必要にして十分に快適だ。決して不便さやシンドサを背負い込むわけではなく、環境に応じた最適化だと思っている。

キャンプ道具のほとんどは大型サドルバッグひとつに収めているが、さすがに小物の整理や出し入れがしづらいため、大きめなトップチューブバッグを併用している。

食材は現地調達が基本だが、一泊二日のショートキャンプなら、お米をバッグに入れていくこともある。現地では適量を買いづらいため、1〜2食分のお米を携行すると腹もちの良い食事が楽しめる。割り切ったシンプルな調理器具でも、お米を炊くのは簡単だ。

グラベルロードの走りを活かす超UL仕様

Bikepacking
Style 3

	モデル名・内容	重量
自転車	エディメルクス・ストラスブール71（Sサイズ）	9,890g
フロントバッグ	―	0g
トップチューブバッグ	ブラックバーン・アウトポストトップチューブ	205g
フレームバッグ	―	0g
サドルバッグ	ブラックバーン・アウトポストシートパック&ドライバッグ	465g
ツールボトル	ゼファール・ZボックスL （中間部を外して使用）	66g
装備	夏の特定地域・気温を想定したキャンプ（ツェルト泊）道具一式	3,543g

総重量

14,169g

＊自転車重量はライト、ポンプ、ハンディGPSなど含む

ロードバイクの快速性能と、MTBに近い悪路の走破性を併せ持った新しい車種がグラベルロード。太めのタイヤ（筆者は700×35Cを常用）による安定感ある走りが頼もしく、現代版ランドナーと呼びたくなる自転車だ。スローピングフレームは大型サドルバッグと相性がいい。

Bikepacking
Style 3

サマーキャンプツーリングの可能性

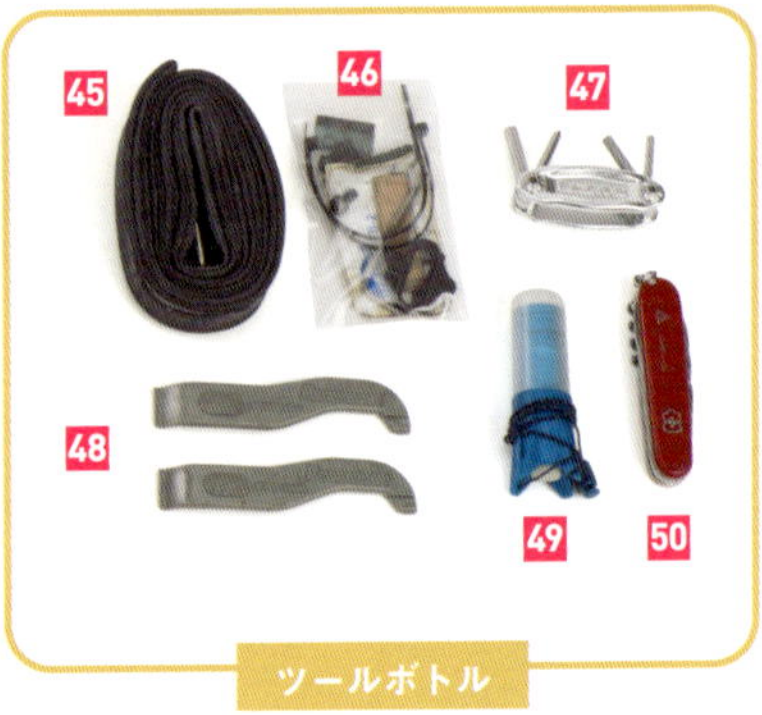

サドルバッグに収納

1 ファイントラックのベースレイヤー。キャンプ場で着用(147g) 2 ファイントラックのタイツ。キャンプ場で着用(57g) 3 モンベルのソックス(39g) 4 ラファのビブショーツ(201g) 5 ラファのジャージ(239g) 6 衣類用スタッフバッグ(40g) 7 ショートパンツ(106g) 8 ジップロックに入れたお米2合弱(254g) 9 クライミットのスリーピングマット、イナーティアXライト(187g) 10 モンベルのシルクシーツ(170g) 11 モンベルのU.L.サイクルレインジャケット(174g) 12 クッカーを縛るベルクロ(6g) 13 ユニフレームの角形クッカー。小だけを携行(148g) 14 エバニューのチタンカップ、インスタントコーヒー 2本(73g) 15 固形燃料3個(78g) 16 チタン製風防(20g) 17 スポーク(16g) 18 蚊取り線香の台(7g) 19 ゴトク(16g) 20 エバニューのチタンマルチプレート(14g) 21 SOLのヘビーデューティーエマージェンシーシート。グラウンドシートとして使用(85g) 22 ポケットインの輪後袋、ブレーキパッドスペーサーなど(214g) 23 アライテントのアルミペグ6本(45g) 24 ファイントラックのガイライン(48g) 25 ファイントラックのツエルト1(232g)

トップチューブバッグに収納

26 歯磨き粉(8g) 27 歯ブラシ(8g) 28 ひげ剃り(7g) 29 瞬間接着剤(12g) 30 アミノ酸系サプリ(5g) 31 お守り(21g) 32 ティッシュ(18g) 33 小物用スタッフバッグ(15g) 34 ポケッタブルリュック(71g) 35 リリースタイ(3g) 36 ワイヤー錠(92g) 37 虫除け(18g) 38 日焼け止め(16g) 39 羊羹(48g) 40 ソイジョイ(32g) 41 モバイルバッテリー(82g) 42 メンソレータム(17g) 43 絆創膏(1g) 44 ペン(10g)

ツールボトルに収納

45 予備チューブ(161g) 46 パッチ、予備のビス類、ナイロンストラップなど(49g) 47 携帯ツール(60g) 48 タイヤレバー(25g) 49 モンベルのミニランタン(74g) 50 ビクトリノックスのマルチツール(74g)

夏場は寝袋とマットを切り詰めても問題ないので、収納スペースが大幅に減る。ただし、汗をかくので着替えを省くことはできないし、キャンプ場では虫除け対策の一環として肌の露出を減らしたい。ちなみに、虫除けは携行するが、かさばる蚊取り線香は現地で購入することが多い。台を持っていくと、複数巻きの蚊取り線香を同時に焚けるので便利。

装備合計重量 3,543g

これら以外に、常にウェアのポケットに収めている物がある。お財布やスマートフォン、タオル代わりのバンダナ、ライターなどだ。カメラを肩掛けすることも多い。リュックやウェストバッグなどは身に付けない。

はじめに
～ツーリングにおける革命～

バイクパッキングとは、どんな自転車にも荷物の積載能力を与え、サイクリングの楽しみ方を広げる「可能性」だ。

ほんの10年くらい前のアメリカで、バイクパッキングは誕生した。MTB（マウンテンバイク）でバックカントリーを自由に走り、自由にキャンプする、というのが源流である。その装備を収めるスペースとして、大型のサドルバッグなどが作り出された。

語源であるバックパッキング（リュックを背負った徒歩旅行）と同じように、シンプルな道具を使って自然に溶け込みたいという、祈りにも似た思いが感じられる。

でも、そのまま受け入れる必要はないだろう。和魂洋才という言葉があるように、日本人は欧米の進歩的な技術を導入することに長けている。その背景や精神性をいったん脇に置いたとしても、優れた技術を直感的に理解し、自分たちの役に立つよう昇華できる。

だから、バイクパッキングを「キャリアなしで装備できる大型バッグ」と、機能面から理解しても大きな間違いではないだろう。たったそれだけのシンプルなアイテムが登場したことで、自転車ツーリングの可能性が大きく広がっている。

キャリアがない自転車と言うのは、少なくともツーリング用途では考えにくかった。なにかしらキャリアがあるから大きなバッグを付けることができ、荷物を入れることができた。だから、さまざまな取り付け位置や形状のキャリアが考えられ、自転車本体とバッグ、そしてキャリアが三位一体になって進歩してきた。

しかし、理想のキャリアとは「存在しないこと」だったのかもしれない。絶対に壊れないし、重量はゼロ。目に見えない神様が信仰を集めるように、存在しないキャリアは最強だ。

簡単そうに見えて、誰も作り出さなかった「キャリアなしで使える大型バッグ」。それを体現したバイクパッキングというスタイルは、ツーリングに革命を起こすきっかけになると感じている。

本書では、バイクパッキングという手段を利用して、さまざまなサイクリングを楽しむヒントを紹介したい。バイクパッキングの長所がもっとも活きるキャンプツーリングについては、特に多くのページを割いた。

従来、サイクリングの数ある楽しみ方のなかでもキャンプツーリングは別物と扱われてきたが、バイクパッキングのメリットを活かせば、もっと手軽に楽しむことができる。ロードバイクならではのロングライドとキャンプを両立させることも可能だ。

サイクリングという趣味に、決まった方法や正解と言える答えはない。けれども、本書で紹介するノウハウや工夫からバイクパッキングの魅力を感じていただき、読者がキャンプツーリングを楽しむきっかけになれば、これに過ぎる喜びはない。

街道で、峠で、そしてキャンプ場で、より多くのサイクリストと出会えることを楽しみにしている。

CONTENTS

目次

PART 1
バイクパッキングとは？

PART 2
バイクパッキングのはじめかた

PART 3
はじめよう！　キャンプツーリング

PART 4
より軽く、より遠くへ

PART 5
実践 バイクパッキング

PART 1

バイクパッキングとは？

自転車ツーリングの魅力は不変だ。

達成感と非日常感が味わえる旅であり、

その本質はどんなに自転車や装備が進化しても変わらない。

「バイクパッキング」という新しいスタイルも、

そんな旅を味わうためのアプローチのひとつ。

バイクパッキングの歴史はまだ浅く、装備や方法論は成長過程にある。

その革新性を解き明かし、軽さという果実を手に入れよう。

日本における
バイクパッキングの芽生え

ロングライドの典型的なイベント「ブルベ」のスタート地点に集まった参加者たち。9割以上の自転車がロードバイクであり、サドルバッグを利用してレインウェアなどの装備を収めている方が多い。

バイクパッキングの要は、大型のサドルバッグ（シートパック）だ。筆者が初めて存在を意識したのは2012年頃。「ブルベ」の参加者が乗るロードバイクの装備としてだった。

ブルベとは、フランス発祥の長距離サイクリングイベント。200〜600㎞以上の長距離を制限時間内に完走することをめざすものだ。近年は開催数が大幅に増え、身近なロングライドイベントとして定着したので、実際に参加したり、走っている様子を見かけたことがある人も多いだろう。

ブルベでは数々の装備が必要になる。距離が長いと言うことは、長い時間を自転車と共に過ごすことである。そして広い範囲を移動するから、天候や気温の著しい変化に直面する。

個人的なサイクリングなら、天気が悪そうなら見送る、夜は走らない、という賢明な判断もできるが、開催日が決まっているブルベなどのイベントだと、雨に降られると分かっていても出走することが多いし（出走を取りやめてもいいのだが……）、300㎞以上のブルベはナイトライドが必要だ。だから余計に悪天候や寒暖の差を体験することになる。

スポルティーフでブルベを走行中の筆者。使いやすいフロントバッグと飛沫から我が身と自転車を守ってくれるマッドガードを備えているが、フレームがスチール製でやや重く、剛性も低いので高速巡航能力が高いとはいえない。

ブルベで携行することが多い装備を挙げると、雨天に備えた上下のレインウェアとシューズカバー、防寒着、スタート地点へのアクセスやDNF（リタイア）時に使う輪行袋、予備のチューブやタイヤ、予備の電源、各種の工具類、補給食……これだけの物を、いったいロードバイクのどこに収めればいいのだろう？

ブルベの参加者が乗る自転車は、9割以上がロードバイクだ。ブルベは制限時間以内に走ればいいので、レースのような速さは必要ない。しかし、自転車の性能において速さと快適さはほとんど同義だから、ロードバイクが選ばれるのは当然である。

筆者の場合、最初のブルベはスポルティーフと呼ばれるツーリング車で参加した。そういう伝統的なスタイルの自転車が好きだし、キャリアで下から支える本格的なフロントバッグを利用できるので、必要な装備を収めるのに好都合だった。

そもそもスポルティーフなどのフランス流のツーリング車は、ブルベを走るために作り出された車種、という背景もある。フレームがスチール製でキャリアやマッドガードを備えているため車重はかさむが、現代的なロードバイクに勝る荷物の収納力や使い勝手のよさが活きるはず……と考えた。

スポルティーフで走ったブルベは、幸い完走できた。その後も何度かスポルティーフでブルベを走ったが、舗装路の快速性能という面では、やはり現代的なロードバイクに分があるのは認めるしかない。

そこで、当時も今も愛用者が多いオルトリーブのサドルバッグLを、ロードバイクに装着してブルベを走ってみた。やはりロードバイクのほうが疲労が少ないことが多いし、完走タイムも短くなった。一方で、がんばりすぎて（もしくはがんばるのが嫌になって）リタイアしてしまうブルベも増えたのは事実だが……。

サドルバッグLの公称容量は2・7ℓだが、実際は5ℓほどある。ここに前述のブルベ装備が大部分入ったし、キャリア要らずで簡単に装着でき、走行性能を落とすような揺れや空気抵抗の増大も感じなかった。なんだ、こんなシンプルなバッグで問題ないんだ……と拍子抜けするような気持ちだった。

バイクパッキングという言葉と、より大型のサドルバッグが定着しつつある現在、オルトリーブのサドルバッグLはただの小さなサドルバッグに見えてしまう。しかし、この製品の影響は大きく、日本におけるバイ

オルトリーブのサドルバッグLは、日本におけるバイクパッキングの始祖と言える製品。ほとんど完璧な防水性能とシンプルなデザインが特徴である。

クパッキング黎明期の主役ともいえるだろう。

こうして、ロードバイクには荷物が積めない、という固定観念が破られた。筆者と同じように、ブルベなどのロングライドを通して、大型サドルバッグの存在と有効性を知ったサイクリストは多いだろう。

ほどなくして、国産ハンドメイドの「スエウ」、そして本場バイクパッキングのオリジンである「レベレイトデザイン」、それに触発された「アピデュラ」など、多くのメーカーが大型サドルバッグを国内市場に投入し、あっという間に選択肢が増えた。少し遅れて、オルトリーブもバイクパッキング用バッグシリーズを展開した。

ロードバイク自体もツーリング志向のモデルが多くなった。太いタイヤが履ける、乗車ポジションが楽、振動吸収性が高い……などを謳う、エンデュランスロードやグラベルロードなんていう言葉が使い出されたのも、2012年頃からだったと思う。

バイクパッキングの登場と歩みを合わせるように、ロードバイクは競技専用の「ロードレーサー」ではなく、ロングライドに適した汎用性の高いスポーツ自転車に変化しており、この流れは今も続いている。

サドルバッグLには、レインウェア一式や予備のタイヤなどが余裕で収まる。容量と使い勝手の双方で、日帰りのロングライドには今も最適なサドルバッグだ。

レベレイトデザインの大型サドルバッグを装備したロードバイク。中身の出し入れが容易なトップチューブバッグなども併用する。ブルベなどロングライドにおけるバイクパッキングの典型的なスタイルだ。

移動距離が長く、夜間も走るブルベでは、装備の善し悪しが完走を左右する。変化する天候や起こりうるトラブルに対応するノウハウは、個人的なロングライドやツーリングにも役立つ。

「キャリアレス」の意味するところ

キャリアがないロードバイクにも大きなバッグを取り付けることができ、走行性能を損なわずに自分が必要とする荷物を積むことができる。それがバイクパッキングの恩恵だ。

「キャリア要らずで実現できる大容量の収納スペース」というのが、バイクパッキングの機能的な特徴である。これは、とても重大な意味を秘めている。

旅情を求めて見知らぬ道へ走り出すツーリングやロングライド（どちらも実質的には同じ行為）では、行程や日数、気候、天候によってさまざまな装備が求められる。それを入れるバッグが必要になり、必然的にバッグを支えたり吊るすキャリアが欠かせなかった。

キャリアの有無は、フレーム設計の根幹に関わる前提条件である。自転車選びの第一歩は乗り手が「何をしたいか」であり、それは持って走る荷物の有無や大小に他ならない。

背負うという選択肢もある。リュックやメッセンジャーバッグなら、小から大まで容量はいくらでも選べるし、当然どんな自転車でも利用できる。走行性能を損なうことも少ないが、重くなるほど肩や腰への負担が大きくなり、夏場は暑苦しい。

荷物がかなり軽い場合や、短時間のサイクリングならリュックで問題ないが、日中の大半を自転車の上で過ごすシーンでは、背中はなるべく空けておきたい。

走行性能だけを考えれば、荷物はゼロが理想だ。当

空荷で走るのが理想的なのは間違いないが、サポートカーなどが付かない個人的なサイクリングでは、何らかの荷物が必要であり、バッグも必須だ。

サイドバッグなどで荷物スペースを確保するには、本格的なキャリア（ラック）が必要になる。フレームにもキャリア装備を前提とした設計が求められる。

リュックはもっとも手軽に利用できる荷物スペースだが、重くなるほど体への負担が増える。なるべく自転車側のバッグに荷物を収めたい。

然キャリアもいらない。競技機材として進化してきたロードバイクやMTBなどは、基本的にキャリアの装着を考えていない。だからホイールベースを短くして推進効率を高めたり、安定性より機敏さを重視したフレームの角度寸法が採用されている。同時に軽さも追求できる。

ロードバイクやMTBも、キャリアの装着に対応するアイレット（ダボ穴）を備えたモデルが多い。各種のアクセサリーを使えば、アイレットがないモデルでもキャリアを後付けできる場合が多い。

しかしこれは、「本当はキャリアなんて付ける設計じゃないけど、そういうニーズのお客さんも逃したくない……」という、メーカーのサービス精神を反映したものである。

だから、ロードバイクにキャリアを付けて大きなバッグを吊るすと、途端に不安定になって本来の性能が発揮できない。リアキャリアにバッグを吊るすと、踵が当たることも多い。

そのため、ツーリング車やエンデュランスロードと称されるモデルの一部は、キャリアを装備しても問題ない角度寸法のフレームとなっている。

フロントセンターを伸ばしてハンドリングをマイルドにする、リアセンターを長くしてバッグのスペースを確保する、太めのタイヤが入るようにして安定性を高める、硬過ぎないフレーム特性で乗り味を穏やかにする……といった設計になる。アイレットの有無だけでなく、フレーム設計の根本がキャリアの装着を前提としているのだ。

キャリア自体は別売りの各種製品から選ぶことが多いが、ツーリング車は特定のキャリアを想定したアイレットを設けていたり、キャリアをオーダーメイドで用意することも珍しくない。

むしろ、使いたいバッグを決め、それに最適なキャリアを選び（作ってもらい）、最後にフレームを選ぶというのが昔からのセオリーであり、ツーリング車では理想とされてきた。

ランドナー、スポルティーフ、キャンピングなど、フランス流のツーリング車が用途ごとに細かな「車種」を誕生させたのも、こうしたキャリアとバッグの理想的な関係、つまり、乗り手が望む用途への最適化を追求した結果なのである。

しかし、バイクパッキングの登場で、営々と築き上げられてきた自転車とキャリアの密接な関係が、根本から崩れてしまった。ベテランほど、疑うことなくキャリアとバッグを不可分のものと考えてきたが、キャリアなしで大型のバッグが利用できるなら、それが一番いいに決まってる。

キャリアがなければ、その分の重量が浮くし、購入費用もかからない……それだけの話じゃない。キャリ

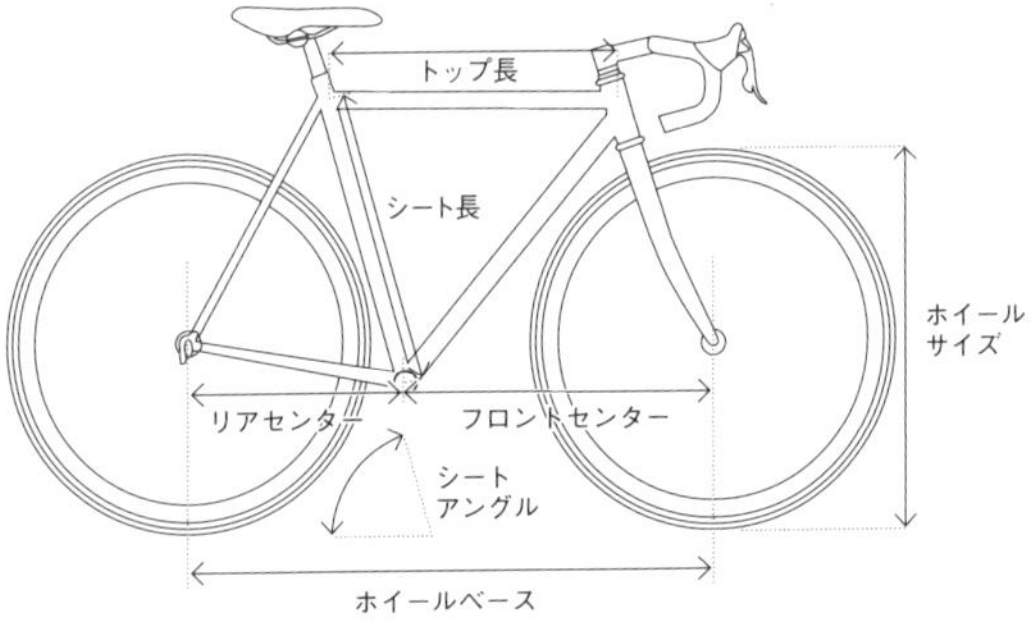

フレーム各部の角度寸法が、走りの特性を左右する。キャリアを付けるなら各部の寸法を広めに取り、安定性を高めるのがセオリー。

アを付けにくかった自転車、具体的にはロードバイクがツーリングの主役になりうるという変化が、キャリアレスの意味する真実である。

リュックや後付けのキャリアに頼ることなく、日帰りからキャンプツーリングまで、あらゆるスタイルのサイクリングが、最新技術満載の軽量なロードバイクで可能になる。つまり、バイクパッキングによって、スポーツ自転車の「車種」という概念が大幅に書き替えられるのだ。

この変化は、バイクパッキングの影響だけでなく、ツーリング車の多くが旧態依然であることも理由だ。最大の欠点である「重さ」を放置しすぎた。

ツーリングにはスチール製フレームがふさわしい、という信仰にも似た思い込みが、メーカーとユーザーに強い。他のすべてのスポーツ車が軽量なアルミやカーボンをフレーム素材としているのに、ツーリング車は数十年前からちっとも変わっていないモデルが多い。その変わらなさが魅力でもあるのだが、あまり売れはしない。すると新技術はますます投入されない。スチール製のフレームも、パイプの薄さや形状にこだわれば相当の軽量化が可能なのだが、コストに直結するからメーカー車では採用されない。また、スチール製フレームは、その弾性が「しなやか」と評価されるが、近年のアルミやカーボンのフレームは、乗り心地のよさもスチール製を上回っている。

それでもツーリング車に根強いファンがいるのは、その機能美と、キャリアによる積載能力が評価されてきたからだ。伝統的なツーリング車を作ることができる、優れたハンドメイド工房の存在も大きいだろう。

しかし、ツーリング車のアイデンティティであるキャリアが、バイクパッキングならいらなくなるのだから、筆者のようにツーリングだけを楽しむサイクリストであっても、ロードバイクを選ばない理由がなくなってしまった。なんだかんだ言ってツーリング車が好きな自分はちょっと寂しくもあるけれど、より軽い自転車で快適に走ることができる喜びが勝る。

もちろん、性能面で劣るから伝統的なツーリング車には価値がない、と思っているわけではない。デジカメが登場してもフィルムカメラに根強いファンがいるように、ひとつの基準に縛られない多様性が、成熟した趣味のあり方だと思う。バイクパッキングも、自転車の多様な楽しみ方のひとつなのである。

「UL」ギアと、その考えがもたらした軽さ

生粋のツーリング車とバイクパッキング仕様のロードバイク。この両車の違いがもっとも顕著に現れるのが、皮肉にも最大の荷物を必要とするキャンプツーリングである。

見知らぬサイクリストと自転車を見かけた時、どんなサイクリングを楽しんでるのか、その実態を見分けることは意外と難しい。日帰りなのか宿泊まりなのか、練習やフィットネスとしてのスポーツなのかツーリングなのか、外観からは分からないものだ。

しかし、キャンプツーリングはひと目でわかる。自転車の左右に大きく張り出したサイドバッグが理由だ。後輪の左右か前輪の左右で2サイドか、前後に装備して4サイドなのかといったバッグの数に違いはあるが、とても印象的なスタイルになる。サイドバッグをふたつ以上使うなら、テントや寝袋、マットなどのキャンプ道具が入っているに決まってる（自分の先輩で、サイドバッグに紙の地図を満載して走る奇行種もいるけれど……）。

サイドバッグは小振りなタイプでひとつ10ℓ前後、大きなタイプで20ℓ前後の容量がある。つまり、4サイドにすれば40〜80ℓもの荷物搭載スペースが確保で

前ページがトラディショナルなキャンピング車、下がバイクパッキングの典型的なスタイル。同じ用途（キャンプツーリング）で、これだけスタイルが異なる。4サイドバッグ＋フロントバッグ装備なら、バイクパッキングの倍を越える荷物搭載スペースを確保できるが、重量も倍以上になってしまう。自転車の本質が「走る」ことにあるとすれば、後者を選ばない理由はない。

きる。実際は前輪の左右にあまり大型のサイドバッグを付けることは少ないから、60ℓくらいの総容量が一般的だ。

もちろん、サイドバッグを使うには大型キャリアが必要だ。リアキャリアの天板にうず高く荷物を積む人も多い。大抵はフロントバッグも併用するので、荷物搭載スペースはもっと増やせる。

こうした大容量の確保が、キャンプツーリングには欠かせないと思っている人が多い。自分も少し前までそうだった。固く信じていたと言ってもいい。

バイクパッキング式のバッグで確保できる容量は、大型サドルバッグ・フレームバッグ・フロントバッグの三点を合わせても30ℓ前後だ。従来の4サイドバッグに比べると、半分ほどしかない。

しかし現在は、この限られた容量にキャンプツーリングに必要なすべての装備が入るようになった。むしろ余裕があるほどだ。

それはひとえに、UL（ウルトラライト）と総称される、軽くて小さなキャンプ道具が身近になった恩恵である。また、装備のUL化という考え方を知って、「これでいいんだ……」という、一種の諦めというか、割

肉が焼けて、袋麺を食べることができればいいんじゃないか……。そう割り切れば、小さなクッカーで事足りるし、さほど不便でもない。そして走りが劇的に楽しくなる。

4サイドバッグ時代に携行していたクッカー類。大中小の鍋とフライパン、シェラカップ、そして調味料まで完備していた。確かに便利ではあるが……。

マトリョーシカのような入れ子構造でクッカーを揃えている。バイクパッキング装備で持ち出すのは、たいてい左のふたつだけ。

り切った考えができるようになった。

実際、自分が4サイドからバイクパッキングによるキャンプツーリングに移行した当初、新たに買い求めたULギアはごく一部だけで、すでにあるものを「置いていく」だけでほとんど事足りた。

お米をいっぱい炊く、本格的なカレーを作る、ガソリンバーナーを唸らせて大きな鍋を振り回す、余裕あるサイズのテントに広いマット……こうしたキャンプの常識のようなものを変えることが、荷物を大幅に減らすことにつながった（お米くらいはUL装備でも炊けるが）。

バイクパッキングの要素として、本場では「ミニマリスト」とか「シンプル」というキーワードが挙げられている。しかし、自分がバイクパッキング流のバッグにキャンプ装備を収めたモチベーションは、そうした無欲さが感じられるキーワードでは表せない。

軽くなって、楽に遠くへ走りたい。でも、キャンプはしたい……という欲張りな理由なのである。

キャンプツーリングという同じ目的で装備を整えた場合、実際のところ4サイドバッグ（＋フロントバッグ）仕様と、バイクパッキング仕様でどのくらい総重量が変わるのだろうか。自分の例で比較すると……

35・3kg対15・4kg
あまりに圧倒的で、4サイドにとっては残酷なほど、バイクパッキングの軽さが際立つ。

4サイド装備の自転車であれば、本格的なキャンピング車であれ、クロスバイクをベースにしたものであれ、30kgを超える重量が標準的だろう。数日でも日本一周のような旅でも、だいたい同じ装備で可能だ。

自転車の重量を比べると、13・8kg対8・5kg。筆者の4サイド用キャンピング車は重いスチールフレームだし、キャリアだけで2kg近くある。一方、バイクパッキング仕様にしたロードバイク（キャノンデール・CAAD12ディスク）はアルミフレームだ。これとてロードバイクとしては軽いほうではないのだが……。走行性能の違いは、語るまでもないだろう。

総重量が開いた大きな一因は、バッグの中身と共に、バッグ自体の重さである。帆布製4サイド＋フロントバッグの合計重量は4・2kg。それに対し、アピデュラのバイクパッキング用バッグ4点（サドル、フレーム、フロント、トップチューブ）の合計は、たった800g。桁が違うのだ。

九州で出会った日本一周中の青年は、生粋のツーリング車（トレック520）に荷物を満載していた。彼のスタイルが、今もキャンプツーリングの常識ではある。筆者のバイクパッキング装備を見て、「これでキャンプできるんですか？」と驚いていたが、こちらは彼の自転車の重いことに改めて驚いた。

キャリアレスのバッグを使うと、軽量化のスパイラルが始まる。多少キャンプ生活が不便になったり、荷物の出し入れが面倒だとしても、まったく気にならないほど、軽さの恩恵が絶大なのだ。

キャンプツーリングが醍醐味だが、それだけじゃない

サイクリング中に食べるカップ麺は、なぜかとても美味しい。晩秋や冬場の峠などでいただくともう最高。バイクパッキングなら湯沸かし道具と水筒などを簡単に収納できるから、キャンプじゃなくてもちょっとしたワクワク感をサイクリングにプラスできる。

「バイクパッキングって、キャンプしないといけないんですか？」と聞かれることがある。もちろん、そんなことはない。

バイクパッキングの定義が日本ではいささか不明瞭だし、アメリカにおける「MTBでバックカントリーに入って自由にキャンプする」という活動が、日本では絶望的に難しいから、無理にアメリカ人の行動や精神的なものまで真似する必要もないだろう。

日本には日本に適した自転車の遊び方があるし、各人がこれまで楽しんできたサイクリングのなかで、バイクパッキング的な装備を活用すればいい。

いまや一番身近なスポーツ自転車がロードバイクであることは、論を待たない。しかし、その積載能力の乏しさから、ロードバイクでは「走るだけ」のサイクリングになりがちだった。アスリートであれば走ること以外に何も必要はないが、実際にロードバイクに乗っている人の大多数は、サイクリングに非日常的な旅情や充実感を求めている。そんな時、大型サドルバッグに代表されるバイクパッキング式の積載スペースがあると心強いし、行動と気持ちに余裕が生まれる。ロングライドであればなおさらだ。

バイクパッキング用としては後発だが、それゆえ完成度の高いオルトリーブのシートパック。これはブルベで使った状態で、レインウェアと輪行袋に加え、昼夜の寒暖差に備えて長袖ジャージなども入れたが、最小容量（8ℓ）に絞っても余裕で収まった。このクラスの大型バッグになると、真価はキャンプツーリングでしか発揮されない。

写真はレザインの縦型サドルバッグで、公称容量は1.75ℓ。これでも「大型」と称される。この程度の容量でも宿泊サイクリングは可能だったりする。

サドルの下は、バッグの取り付け場所としてもっとも利用しやすい。写真で装備しているのはオルトリーブ・サドルバッグM。公称容量はわずか1.3ℓだが、輪行袋一式が収まる。

たとえば、今までは収納スペースがないからと諦めていたお土産などを運ぶ手段として大型サドルバッグを使ってもいい。ベテランのツーリストが好む「峠でコーヒー」「峠でラーメン」などを楽しむための調理器具を入れるスペースにもなってくれる。

列車を利用するなら、もちろん輪行袋が必要だし、車中ではレーパンの上に着るハーフパンツも用意したい。本だって読みたいだろう。温泉で汗を流したら、真っさらな着替えに袖を通したい。いずれも、バッグがあれば実現できる。

筆者自身、ロードバイクに乗っていようとランドナーに乗っていようと、常にツーリングを楽しんでいるつもりだ。ブルベのように過酷な条件でなくても、見知らぬ土地を走るなら、少々の天候変化にも慌てずにすむ防寒着やレインウェアを持っていたい。なにより輪行袋がなければ、魅力的なルートにアクセスするのが難しい。

それでいて、ロードバイクの軽快な走行性能は手放したくないから、大型サドルバッグが欠かせなくなった。逆にいえば、大型サドルバッグがあるからこそ、ロードバイクでツーリングに出かけるようになったと感じ

サドルバッグLの収納例。コンパクトなレインウェア上下とシューズカバー、輪行袋、そしてジェットボイル（湯沸かしに特化したガスバーナー・クッカー）がちょうど収まる。

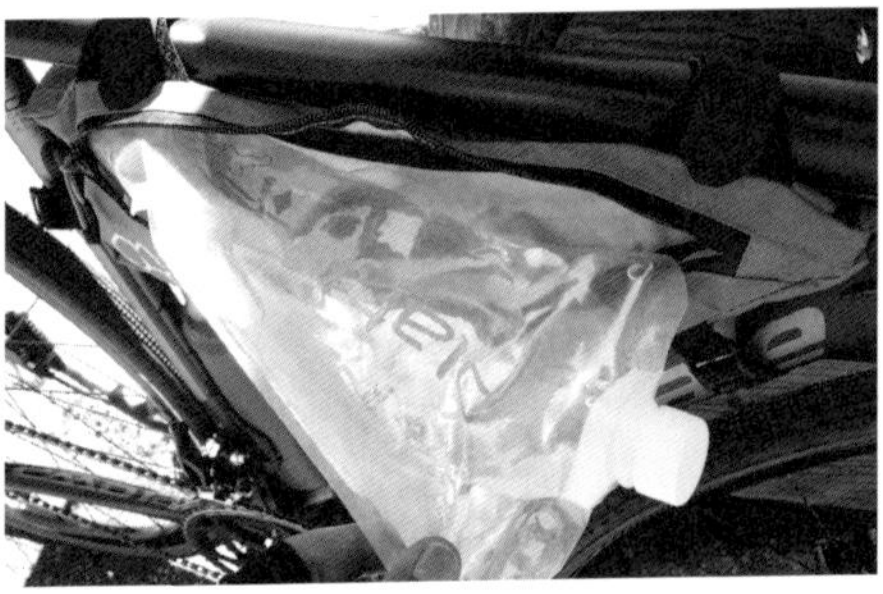

フレームバッグに水筒を入れることも。重い物を入れても走行性能に影響を与えにくい位置だが、フレームサイズが大きくないと使いづらいのが難点。

ている。

実際のところ、容量10ℓを超えるバイクパッキングらしい大型サドルバッグは、日帰りはもちろん、宿泊施設を利用する数泊程度のツーリングにも過大である。コンパクトなレインウェア一式と輪行袋くらいなら、容量5ℓもあれば十分に収めることができる。宿を利用するなら、着替えなどを前もって送っておくことも可能だ。

しかし、旅慣れないうちはどうしても荷物が増える。「大は小を兼ねる」という考え方をすれば、大型サドルバッグは安心感が高い。必要な荷物量にピタリと合うサイズのバッグを選び、使い分けるのが理想だが、その荷物が定まらないうちは、大は小を兼ねる式でもいいだろう。

ほとんどのサドルバッグはロールアップ式の簡便な構造になっているので、中身の大小に応じたサイズに絞る（または伸ばす）ことができる。ただし、まるで空のような状態だと、大型サドルバッグは外形を保つことができず、垂れ下がってタイヤに接触するので注意が必要だ。

レベレイトデザインやアピデュラの大型サドルバッ

日帰りのサイクリングでも、無人区間が長い林道などを走る際は、相応の補給食や飲料、天候の変化に備えたウェアを用意したい。だから各種のバッグが役立つ。

グを見かけた当初、見慣れないから異様に感じた。たとえブルベでも「こんな大きなサドルバッグに何を入れんの?」と、いぶかりもしたのが正直なところだ。余計な荷物が増えて（入るから）重くなり、かえって完走率が下がるんじゃないかとも思った。

しかし、実際に自分のロードバイクで大型サドルバッグを使い出すと、役立つのは確かだった。出し入れはやや不便だが、フロントバッグよりも走りの安定感が損なわれない。そして、使っているうちに気付いた。「これならキャンプ道具も入るんじゃないか?」と……。

元々そのために作られたのだから当然だが、アメリカのように「MTBでバックカントリーでキャンプ」ではなく、現代的なロードバイクで、キャンプツーリングとロングライドの両立ができるはず。従来のイメージをがらりと変える、軽快で可能性に満ちた世界が待っているという予感があった。そして、それは間違っていなかった。

バイクパッキング=キャンプではない。どんなサイクリングでも活用できる。しかし、バイクパッキングの真価が発揮され、醍醐味を味わえるのがキャンプツーリングであることも確かだ。

ツーリングスタイル
温故知新

自転車趣味を続けて四半世紀、バイクパッキング仕様のロードバイクによって、軽快な走りとキャンプがようやく両立した。自転車とバッグの進化に感謝したい。

バイクパッキングは感動の連続である。過去の自分を超え、進化しているという実感があるからだ。

機材に頼って軽量化して、その恩恵で走ることができる距離が伸びたり、経験できるコースが広がるのは、悪いことだろうか？

トレーニングで自分の身体能力を上げることができれば、それが一番カッコいい。結局、自転車のエンジンは自分なのだから。しかし、自転車と装備にこだわることで、1％でも自分の可能性が広がるなら、追い求めていきたい。それが機材スポーツであり、精巧な機械ゆえのフェチズムさえ感じさせる自転車の魅力だと思う。

最初から理想の自転車に出会えるわけはないし、理想と思って悦に入っても、少し後に思い返すと「なんじゃこりゃ？」と過去の自分を抹殺したくなることもある。本書で紹介しているバイクパッキングも、今は理想的と思えるが、未来永劫そうだとは限らない。

気がつけば四半世紀もツーリングを趣味としてきた。そんな自分の恥ずかしい遍歴をさらしてみるのも、バイクパッキングの有効性を理解していただく一助になるかもしれない。

・黎明期

写真1は、おそらく1989年。残雪の八ヶ岳が見事に写っているが、肝心の自転車が見切れているという冴えない写真。しかし、これしか自転車が写ってる写真がなかった。新府城の案内図が立っているので、山梨県の韮崎市だ。

ちょうど高校を卒業した頃で、今で言うニートのような境遇だった自分は、通学用に買ってもらったスポーツ車であちこち出かけるようになった。山梨や信州方面ばかり行っていたのは、ゲーム「信長の野望」で武田信玄プレイばかりしていたからだろう（汗）。一泊3000円程度の素泊まり宿を利用して、半月くらい甲信地方をうろついた記憶がある。

フラットハンドルで泥除けも付いているがキャリアはないという、ちょっと不思議な自転車だ。残念なことにメーカーやモデル名を記憶していない。それくらい、まだ自転車自体への関心が薄かったのだろう。たぶん、パナソニックだったと思うのだが……。

注目すべきは、小振りなリュックをハンドルからダウンチューブにかけて括り付けている点。さらにもうひとつのリュックが、地面に転がっている。つまり、リュックをひとつ背負いつつ、もうひとつは自転車に直接取り付けている。これってバイクパッキングに通じるものが……ないか（汗）。

増えた荷物を収めるために道中でリュックを買って、しかし背中はひとつしかないから、無理矢理自転車に括り付けたのだろう。傘をトップチューブに添えているのが笑える。

1

1989年だから、筆者は若干18歳。峠ばかりの甲信地方を、こんなわけの分からない装備の自転車でよく走ったなあと思う。おおざっぱな道路地図しか持たず、国道メインの青看板だよりで走っていた。

2

岐阜県のどこかと思われる。この頃は輪行すらもったいないほど貧乏だったので、どこへ行くにも自宅から自走。交通費はかからない分、日数と食費がかかるので、今思えば逆に贅沢な旅だったと思える。

3

島根県か鳥取県か……。太めのブロックタイヤで舗装路を走ることに、なんの違和感も覚えないくらい若かった。テントやマットをむき出しで積んでいるのが、今見るとちょっと恥ずかしい。

知識も経験もない青年が、家出も同然で走り出すとこんな感じ、という恥ずかしい実例だ。

・第２期

写真２は１９９２年。日時が写り込んでるので間違いない。自転車はブリヂストンの廉価なＭＴＢ、ワイルドウエストに変わっている。当時、街の小さな自転車店にもＭＴＢがあふれるほどブームであり、深く考えずに選んだ。「軽い！」と感動した記憶があるが、それはワイドなギヤ比による錯覚だと思われる。

装備は長足の進歩が見られる（最初がヒドいだけに）。リアにニットー製のキャリアが設置され、ハミングバードのテントとマットを括り付けている。このテントは、石井スポーツで買った記憶がある。当時としては小型で軽量な自立型テントで、この後も長いことお世話になった。テント泊を始めたのは、宿泊費を浮かすのが理由だったが、次第にそれ自体が楽しくなっていった。

リュックはミレーの30ℓ。実家を探せばまだ転がっているはずだ。ここに着替えなどを入れていたのだろう。調理器具は持っていなかったと思う。

・第３期

写真３は写真２の一ヶ月半後だが、ずいぶんと装備

が変わっている。フロントに小さなキャリアが登場し、そこにテントとマットが移動。リアキャリアには帆布製の小振りなパニアバッグが載っている。

リュックの重さに耐えかね、島根県あたりの自転車店でこれらを調達したおぼろげな記憶がある。よく見ればバーエンドバーも追加されているので、その自転車店でいろいろ便利なモノを教えてもらったのかもしれない。

後方の青年もMTBだが、自分よりもよほどカッコいいサイドバッグを前後に装備している。すでにこの当時、ランドナー系のツーリング車は少数派になっており、あまり見かけなかった。

・第4期

写真4は、写真3の一年後である。野営二泊で、徳島〜剣山スーパー林道〜高知と走った時の写真だ。往復とも夜行バス輪行だったが、そのシンドサに懲りて、これ以降バス輪行はほとんどしなくなった（現在は規則的にも輪行できないバスが多くなった）。

自転車は、タンゲのプレステージという高級クロモリフレームのプジョーだ。しかも、メカは初代シマノ・XTR（MTB用コンポーネントの最高峰）。なにがどうしたんだ!?という大出世である。

この自転車を買うために、山梨の山奥にある旅館で数ヶ月バイトした。ようやく自転車雑誌などを読みあさるようになり、それに影響されまくったことがうかがえる。サドルがリーガルというのが渋い。

テントとマットをリアキャリアに括り付けてリュックを背負うという家出スタイルに逆戻りしているが、

4

自転車とウェアが一気にソレっぽくなったし、ヘルメットまで用意しているが、キャンプ道具のほうはあまり進化が見られない。この装備でダート林道を走るのは、さすがにシンドかった記憶がある。

6

フロントキャリアに寝袋をむきだしで搭載しているのはなぜだろう……。よいフロントバッグが見当たらなかったのだろうか。このキャノンデール・M400は、当時まだ珍しい極太のアルミフレーム。荷物を積んでも走行中にフレームがよじれる印象が少なく、頼もしかった。

5

三陸海岸のとある漁村でキャンプ中のひと駒。当時はどこにでもテントを張ったし、それでもあまり怪しまれないくらい長閑な世の中だったと思う。しかし、軽量なクロスカントリー用MTBが重い4サイドに喘いでいるようで、なんだか不憫だ。

これは荒れた林道ツーリングに備えての判断。パニアやサイドバッグを使うよりも安定すると考えたのだ。

・第5期

写真5も1993年。先のプジョーにフロントキャリアが追加され、4サイドバッグ仕様へ変貌している。XTR装備のクロスカントリーMTBなのに、いま思えばもったいない。よく見るとサスペンションステムや妙に大振りなバーエンドバーが付いていたりと、貧乏カスタムの見本だ。

この仕様のプジョーで、東京から青森まで10日間もかけて走った。この頃、いつもテントを携えて出かけており、宿泊施設を利用することはなくなった。

その代わりでもないだろうが、頻繁に「兄ちゃんどっから来たの?」と声をかけれられ、たびたび一宿一飯のご恩をいただいた。一度だけ、ホ○の家に付いていってしまい、冷や汗をかいたこともある。

・第6期

写真6も1993年。自転車がキャノンデールのM400というアルミフレームのMTBに変わっているが、写真5から続く一連のツーリング中なのである。

4サイドに根を上げたプジョーのスポークが折れた

り、各部が不調になったため、青森の自転車店に駆け込んで、勢いで新車を買ってしまったのだ。そして、キャリアや装備をプジョーから載せ換え、北海道へ。プジョーは自転車店から自宅へ送ってもらった。

当然ながら、このM400を買ったことで財布は絶望的に軽くなり、北海道に渡ってしばらく後、弟子屈のホテルで一ヶ月ほど住み込みのバイトをさせてもらった。そのお給料で北海道を一周してから、自走で帰宅した。

なぜそこまでして新車にしたかったのか今もって不明なのだが、このM400はとても乗りやすかった記憶がある。その印象が強いので、自分の中では「クロモリはしなやか、アルミは硬い」というフレームに関する定説を未だに受け入れられないでいる。

フロントキャリアに寝袋を載せている（さらに地図を載せている）ことを除けば、キャンプツーリングのスタイルとしてそれなりの完成度にはなっている。

・第7期

写真7は1994年。毎年のように自転車を買い替えている事実にあらためて気付き、愕然とする。

自転車はキャノンデール・T1000という本格的なツーリング車で、ようやくMTBベースのなんちゃってキャンピングから卒業した。

当時愛読していた自転車誌『サイクルフィールド』（山海堂。この雑誌も出版社も今はない）で、このモデルが絶賛されていて、取り寄せてもらうのに3ヶ月を要して手に入れた。極太のアルミフレームゆえに、荷物を満載してもよじれたりたわむような印象が少なく、

7

1994年当時、ツーリング車の決定版として誉れ高かったキャノンデール・T1000。ドロップハンドルにバーエンドシフター、MTB用のシマノ・デオーレXTコンポーネント、700Cのタイヤとエスゲのマッドガードなど、今振り返っても過不足ないスペック。

それでいて乗り心地も十分に快適だった（しかし、付属のフロントキャリアはショボかった）。この自転車で日本を半周くらいしたし、四国八十八ヶ所を巡るという殊勝なツーリングも実践した。

このT1000のように、最新のフレーム素材やメカを盛り込んだツーリング車がもっと注目されていれば、現在のロードバイク一辺倒の世相もだいぶ違ったのではないかと思う。それくらい気に入ったし、今も可動状態にあって時々乗っている。

これでようやく満足できる自転車を手に入れたと実感でき、自分の「青い鳥」探しもひと段落した。

それと同時に遅まきながら会社員になってしまい、ツーリングと疎遠になる期間が訪れるのだった。

・第8期

時は巡り幾星霜……。写真8は一気に2008年である。それでいて自転車はトラディショナルなランドナーに変わっている。この間、ロードバイクやMTB、小径車などいくつかの自転車を手に入れたが、ツーリングらしいツーリングを紹介できる事例が少ない。

当時、とある出版社の自転車誌編集部に在籍していた。毎日のように最新の自転車に触れていたが、旧車好きのオタクな編集部員が一人いて、ランドナーの話ばかりしていた。

「そういえば、ランドナーって乗ったことなかったな」と思い至る。自分がツーリングに目覚めた頃は既にMTBが全盛だったから仕方ないのだが、モノは試しとランドナーをオーダーした。しかも、ハンドメイド工房の最高峰とされる東叡社に……我ながら怖いもの

8

トーエイのランドナー。650×32Bというタイヤによって、舗装路と未舗装路の双方をバランスよく走ることができた。写真は青森県の白神ライン。ダート林道が40km続き、舗装のアプローチも長い。こんなシーンではランドナーがちょうどよかった。スチールフレームゆえに車重がかさんでいることだけが欠点か。

知らずで汗顔の至り。

できあがったランドナーは、実にたおやかな乗り味だった。650×32Bのタイヤによって舗装路もダートもそれなり以上に走れるし、フロントバッグの使いやすさと相まって、しばらくはこればかり乗っていた。最新のスポーツ自転車に少し辟易していたから、ランドナーがかえって新鮮に思えた。

「小旅行車」という位置づけのランドナーなので、キャンプツーリングに使う自転車ではないが、走ることの楽しさを再び教えてくれた一台だ。

・第9期

写真9は2011年。ランドナーが気に入った筆者は、まるでツーリング車の歴史をさかのぼるようにフランス式のキャンピングもオーダーした。サイドバッグ用の枠が付いた専用キャリアも作っていただいた。帆布のバッグを吊るした姿は、いかにも頼もしい。

このタイプのキャリアは今も市販品が存在するし、重心が低くなるから走りが安定するという「神話」がある。しかし、自分で走ったし、他とも比べたから言えるのだが、このキャリアとバッグの取り付け位置は、やっかいな「シミー現象」（フレームの自励振動。飛行機で言うところのフラッター、鉄道なら蛇行）を誘発する。枠付きのリアキャリアとサイドバッグが原因だ。

枠付きのキャリアでバッグを低い位置に吊るすと、平地では確かに安定感が高いが、速度の出る下りでは頻繁にシミー現象を起こした。ハンドル操作もままならいほど振動が激しくなり、まともに走れないことがある。

9
昔のようにキャンプツーリングを楽しみたい、とオーダーした昔ながらのキャンピング車。枠付きのキャリアでサイドバッグを低い位置に吊るすスタイルは、一見すると理にかなっているが……。

なんでも積み込めるような大容量を実現できる4サイドバッグ仕様。しかしそれは、なにをするにも重さが足を引っ張ることの裏返しでもある。特に輪行の面倒さは筆舌に尽くし難い。前後のキャリアを外してから、計5つものバッグを持って移動するのは修行のようであり、この自転車が活躍する機会を大きく減らした。

乗物は重心が低いに越したことはないと思えるが、BB位置が高い自転車が不思議と軽快さを感じさせるように、自転車の場合は必ずしも低重心にこだわる必要はないのかもしれない。圧倒的に重い乗り手が、自転車の上にいるわけだし……。

少なくとも、もっともフレームをねじるような後端部にキャリアを付けてバッグを下げるのはデメリットが多い。先に挙げたキャノンデールのように、車輪の上からバッグを吊るすシンプルなキャリアが無難だ。わざわざ枠付きのキャリアを使う必要はない。

フランス式のツーリング車は、他に類を見ない機能美を確立したことで知られるが、ことキャンピングに関しては、理念が先行しすぎて実用性が低い。

それを有り難がり、もっともらしく受け入れてしまった1950〜60年代の日本のサイクリストやメーカーにも困ったものだと思う。当時はフランス流しかスポーツ車のお手本がなかったから仕方ないとも言えるが、何十年も後になって、自分のように真似する人が現れちゃうじゃないか（汗）。

このキャンピングの全備重量は、前述の通り35kgを超えた。それでも道が平坦なら快走できるのだが、上

10

4サイドのキャンプツーリングを経験したからこそ、ロードバイクのバイクパッキング仕様が有り難く感じられる。輪行が楽だから気軽に出かけることができ、峠越えも苦にならない。キャンプツーリングはシンドイ、という経験則や先入観をガラリと変えてくれる。

りは当然シンドく、下りはシミー現象に悩まされた。輪行などサイクリングの前後もあまりに手間で面倒がかかるので（キャリアを外す必要がある）、出番が極端に少なかった。

自分にとっては反面教師だが、このキャンピングは定説を疑うきっかけを与えてくれた。

・第10期

写真10は2017年。言うまでもなく、今の自分がもっとも評価し、好んでいるバイクパッキング装備のロードバイクによるキャンプツーリングである。

こんなに大きなサドルバッグで大丈夫なのか、重心が高いし、揺れるのが心配……すべて杞憂であり、フランス式キャンピングとは逆に、すべていい方向に先入観を裏切ってくれたスタイルだ。これでキャンプツーリングに出かけると、90年代の倍近い距離を一日で走れるようになった。20歳代の自分に、不惑をとおに越えた今の自分が勝ったようで、妙にうれしい。

バイクパッキングは歴史が浅いだけにセオリーが定まってない。数十年の歴史があるフランス式でも怪しいのだから仕方ないが、それだけに、自分なりのベストを探す楽しさに満ちている。

MTBの
可能性と限界

MTBが真価を発揮するのは、トレイルやシングルトラックと呼ばれる道だ。日本では山道が主体となり、自転車を降りたり担ぐことも多いから、リュックを背負ったほうが活動しやすい。

本書では、MTBではなく、ロードバイクの装備としてバイクパッキングを評価している。すでに紹介したように、筆者は90年代にMTBでサイクリングの楽しさ、魅力を知った。林道やトレイルも走ったし、当時も最近もレースに出たこともある（遅いけど）。MTBは文句なしにカッコいいし、自転車の可能性を広げた偉大な車種だ。

しかし、日本でバイクパッキング装備のMTBに乗って、心置きなく楽しめるフィールドが存在するのだろうか？　一日の大部分をトレイル走行で過ごし、翌日もトレイル走行を続けることができるような……。

はっきり言って、ない。トレイルに詳しい先輩は「ないというより、繋げるのが難しい」と語っていた。少なくとも、こうした書籍で詳細に公開できる道を筆者は知らない。アメリカのように、そこそこ荒れた無人の道が地平線までなだらかに続く……なんていうシーンは、国内にないのである。

グラベルと呼ばれるような未舗装の林道なら、日本にも無数にある。ある程度の距離を走ることも可能だ。しかし、林道は基本的に車道である。タイヤさえ少々太ければ、ロードでもツーリング車でも楽しく走るこ

長時間背負うと疲れやすいリュックだが、もっとも手軽に大きな収納力を得ることができ、自転車のコントロールもしやすい。トレイルや林道は必然的に人家を離れるので、日帰りでもある程度の調理器具があると心強い。

とができる。グラベルロードという車種も定着しつつあり、ツーリングではますますＭＴＢの出番が限られてくる。

林道でも、荒れた下りでは走破力の高いＭＴＢがうらやましいと思えるけれど、その林道に至るまでの長い舗装路のアプローチを考えると、なかなかＭＴＢを選ぶ気になれない。また、途中でキャンプして（宿を利用してもいいが）、次の日も同じように長いダート林道を走れるコースとなると、かなり限られる。

ＭＴＢの太いタイヤやサスペンションが真価を発揮するのは、林道ではなくトレイルと呼ばれる道である。具体的には、登山道や遊歩道、電力事業者が送電線を点検するために歩くようなルートであり、要はクルマが通ることができない道だ。

あまり押しや担ぎがないトレイルをＭＴＢで進むのは本当に楽しい。自分が住む関東近辺でも、体験した道はいくつかある。八ヶ岳の夏沢峠とか、大菩薩峠とか……。しかし、こうした道では山小屋を利用したり、歩くほうが楽しいかな……とも思う。

ＭＴＢがブームだった頃、一部の心ないＭＴＢ乗りのためにハイカーや山仕事の方との軋轢が絶えず、各

MTBでキャンプツーリングをする場合も、既存のキャンプ場を利用するのが鉄則。野山で好き勝手にキャンプできるわけではないから、トレイル主体のコースを組んだつもりでも、結局は舗装路を走る時間のほうが長かったりする。また、27.5インチ（650B）や29インチでオンオフ兼用のよいタイヤが少ないこと、バイクパッキングに一番向いているであろうフルリジッド（サスペンションがない）モデルのラインナップが少ないことも、MTBでのツーリングが下火である理由だろう。

地にＭＴＢ走行禁止のトレイルを作ってしまった。ブームが去った現在では、少数のＭＴＢ乗りが細々と走っている状況である。

心あるＭＴＢ乗りは、地元の協力も得てフィールドを構築しているが、その数は多いとはいえないだろう。また、各地で細々とトレイル走行を楽しんでいるＭＴＢ乗りは、不特定多数にそのコースを教えたりはしない。その理由は新たな轍の発生を恐れるためだ。

だから、彼らのコミュニティに入っていない人は、トレイルの存在を知るのが難しい。

フィールドが絶望的に少なく、公にしづらいことに加えて、日本でＭＴＢによるバイクパッキングをおすすめしづらい理由は、リュックを背負ったほうがいい、という事実だ。

トレイルというとＭＴＢらしくてカッコいいが、たいてい勾配が険しく、岩場も現れる。乗車できない区間も多いのが普通だ。日本のトレイル走行は、「山岳サイクリング」であることが多い。

いくらバイクパッキングで軽いと言っても、自転車自体が重くなることは間違いないから、少なからず自転車のコントロール性が損なわれる。押しや担ぎ、スタンディング、タイトターン、ドロップオフなどの機動をこなすには、荷物はリュックに入れて背負ったほうがいい。

また、指定地以外でキャンプするのは避けるべきだから、結局はトレイルを離れてキャンプ場まで車道を走らなければならない。それもＭＴＢのメリットが薄れる理由だ。一部では、「ステルスキャンプ」などと銘打って、路傍や空き地で勝手に野営する人もいるよう

太めのタイヤを履いたグラベルロードは、バイクパッキングと相性がよい。舗装路ではロード並みの快速性能を発揮でき、タイヤが太いお陰で荷物を積んでも安定感が高い。林道レベルのダートならMTBに近い走破力も期待できる。

だが（筆者も過去にやったことがないとは言わない）、決しておすすめはできないし、何かと世知辛いご時世である今日、キャンプはキャンプ場を利用するのが鉄則である。

キャンプ自体の必然性が薄いことに関しては、突き詰めればロードバイクも同じだから、悩ましいところではある。となりに宿泊施設があっても、キャンプが楽しいと思えるからキャンプするわけだから……。

さらに言えば、一日のほとんどが舗装路の走行でも、MTBが好きだからバイクパッキング装備で走ってみたい、というのなら止める理由は何もない。むしろカッコいい。

筆者は、決してMTBを否定するわけではない。トレイルや林道が身近にある地域に住んでいる方なら、ロードバイク以上に乗る機会も多いだろう。

しかし、「バックカントリーを自由に走り、自由にキャンプして……」といった欧米のバイクパッキングを、そのまま日本で再現できるかのように伝えるのは難しい。無理に山中を彷徨しなくても、日本には素敵な道やキャンプ場が無数にあるのだから、ロードバイク＋バイクパッキングがいちばん楽しみやすい。

バイクパッキングはお金がかかる?

「ロードバイクでバイクパッキングって便利そうだけど、お金かかるんでしょ?」という不安や疑問を持つ人もいる。いかにも軽そうなロードバイクのスタイルや、見慣れないバッグの形が原因だろうか。

あまり声高に「安さ」を主張するのも気が引けるが、バイクパッキングの大きな魅力は、必要な投資に対して得られる効果が大きいことでもある。

まず、ベース車両となりうるロードバイクの選択肢が広い。価格20万円前後のモデルを選べば、重量8kg前後と十分に軽くて走りも上質だ。それより安いと一気に重くなるし、より軽く優れたモデルは果てしなく高価になる。日本では他のジャンルに比べてロードバイクの人気が高止まりしているので、「本格的だけど価格も手頃」といった中間層が充実しているのが魅力だ。

バイクパッキング用のバッグは、見方によって高い・安いの印象が変わる。

34ページで紹介した4サイド+フロントバッグの伝統的なスタイルの場合、装備したバッグの合計価格は4万4820円である。対してアピデュラのバッグ4点合計価格は4万5979円。後者のほうがわずかに高いが、前者はキャリアの費用が別に必要だ。

ちなみに、アピデュラではなくトピークなどの同等製品で揃えれば、バッグへの投資を3万円以下に抑えることもできる。

市販のキャリアは価格の幅が広いが、安価な物なら前後で1万円、上質な物なら前後で4万円、オーダーなら8万円程度はかかる。だから、トータルで考えればバイクパッキング仕様のほうがかなり安い。ただし、搭載容量は半分ほどだから、評価は分かれるところだろう。

バッグに入れる荷物の価格は、人それぞれだ。ロングライドでバイクパッキング用バッグを使うなら、その用途に対して容量に余裕があるので、レインウェアや工具類などをさほど吟味しなくても(安価でかさばる製品を選んでも)収めることができる。

一方、キャンプ道具を積むなら、相応にUL化された製品を慎重に選ぶ必要がある。特に軽くて小さくなるテントは高価だが、これは4サイドバッグのツーリング車でも必要なので、バイクパッキングだから特別に高価な製品が必要というわけではない。また、テント以外のULギアは必ずしも高価ではなく、シンプルが故に安価な製品も多い。

実際のところ、バイクパッキングの導入に一定のお金がかかるのは事実だ。しかし、従来のサイドバッグを使ったり、ツーリング車を選んだほうが安く上がるわけでもない。

総じて、「安いから」という理由だけで選んだ趣味の道具は、結局は買い替えたりして無駄な投資になりがちだ。トラブルが起きた際は悔いが残るし、使えない物は1円でも高い。お金の話は避けて通れないが、何かを選ぶ際の最優先事項ではない。

PART 2

バイクパッキングのはじめかた

バイクパッキングに用いられるバッグと、
それらを利用することで得られるメリットを整理しておこう。
いずれのバッグもシンプルな構造なので、
従来のキャリアを前提とした凝った造りのバッグよりも、
軽く仕上がっている。
個々のバッグの特徴をつかみ、自分が望むサイクリングに合わせて
使いこなそう。

バイクパッキング用バッグの概要

各種のバイクパッキング用バッグをフル装備したロードバイク。キャンプツーリングならこのくらいバッグが必要になるが、日帰りのロングライドや宿泊まりなら、サドルバッグひとつで事足りる。

大型サドルバッグ（シートパック）、フロントバッグ、フレームバッグが、バイクパッキングにおける「三種の神器」だ。

これらのいずれか、または複数を組み合わせることで、乗り手のニーズを実現する。もちろん、いずれもキャリアなしで取り付けることができる。

バッグを選ぶ前に、必要な荷物量をはっきりさせておこう。たとえば、携帯ポンプをフレームに取り付けるか、バッグに入れるかといった些細に思える違いも、バッグ選びに影響を与える。

①日帰り近場
②日帰りロングライド
③宿泊まりの連日走行
④テント泊で連日走行

このように段階的に装備が増えていく。①に必要なのはパンク修理アイテム程度だが、これは②〜④でも必要。②でレインウェアなどが加わり、それは③でも④でも必要。③で着替えが必要になり……といったように、サイクリング全般における装備は、使い分けるというよりも、足していくことになる。そして、装備がドカッと増えるのが④である。

パンク修理アイテムや携帯工具など、あらゆるサイクリングに欠かせないアイテムは、ツールボトルに入れるのがベスト。小さくて重い物を入れるのに適しているし、バッグより出し入れがしやすく、費用も最小限で済む。①〜④のすべてで共用できる。

次に、日帰りのロングライドやブルべに必要な装備を収めるなら、バイクパッキング用としては最小の部類に入る5ℓ程度のサドルバッグで十分だ。加えてトップチューブバッグがあると、補給食や小物の出し入れがしやすいので便利。サイクルウェアのバックポケットも活用しよう。

着替えはかなりかさ張る荷物だ。上下のサイクルウェア一式だけでも、6ℓ程度のサドルバッグがパンパンになってしまう。そのため、着替えをしっかり用意するなら10ℓ前後の容量があるサドルバッグが欲しい。

キャンプツーリングがしたいなら、とりあえずサドルバッグは最大級の容量（10ℓ以上）がある製品を選びたい。登山やハイキングをたしなんでいて、UL化されたギアをすでに揃えている人なら、思いのほか簡単に収まってしまうだろう。

バイクパッキングでも、重量バランスは大切だ。なるべく複数のバッグに荷重を分散したほうがいい、という意見もある。

とは言え、小さいサドルバッグとフレームバッグ（もしくはフロントバッグ）を併用して容量を増やすよりも、大きめのサドルバッグひとつに荷物を収めるほうが現実的だ。バッグ自体の重さや費用も馬鹿にならない。ただし、小物の出し入れがしやすいトップチューブバッグがあると何かと便利なので、ツールボトル同様に標準装備として採用したい。

荷物重量が4kg以下であれば、サドルバッグにほとんどすべての装備を収めても、自転車の走行性能やバランス感覚が著しく崩れることはないだろう。安易にバッグの数を増やすよりも、荷物自体をより少なく、軽くする工夫が欠かせない。

たとえば、レインジャケットがかさ張ってサドルバッグに入らないからフロントバッグを買い足す、というよりも、レインジャケットを軽量でコンパクトな物に替えたほうが建設的だ。

バイクパッキングは、バッグを吊ることが目的ではない。あくまで荷物搭載スペースを確保する手段のひとつであり、中身の吟味を優先しよう。

大型サドルバッグの機能と特徴

バイクパッキングの主役が大型サドルバッグ。サドルの下を完全に埋めるような形状で容量を稼いでいる。自分の自転車にフィットするかどうかが選択のポイントだ。

バイクパッキングで注目されている大型サドルバッグだが、それ自体は古くから存在する。「キャラダイス」や「オーストリッチ」に代表される横型のサドルバッグだ。

横型のサドルバッグは、サドルの後端に設けたループ（ブルックスB17などトラディショナルなサドルは標準装備）にベルトを通して吊り下げる。

しかし、そのままでは前後にグラグラ揺れたり、タイヤに接触する可能性もあるので、下から支える金属製のサポーターを併用するのが一般的だ。サドルにループも必要なので、キャリアレスとは言えない。また、多くが帆布製で重量がかさむため（容量15ℓタイプのキャラダイス・ネルソンで重量800g）、バイクパッキングの用品とは見なされていない。

また、トピークやリクセンカウルといった用品ブランドは、シートポストに固定したフレームでバッグを支える、セミキャリアレスといった大型サドルバッグを発売しているが、これらもバイクパッキングの用品とは見なされていないようだ。

バイクパッキングを謳う大型サドルバッグは、どのメーカーの製品も驚くほど構造が似ている。サドルレー

伝統的な帆布製横型サドルバッグ、オーストリッチのS-2。8ℓ程度の容量があり、抜群に丈夫で使い勝手も良好だが、実測重量が640gとやや重い。サドルループと下から支えるサポーターキャリアも必要だ。

バイクパッキング用の大型サドルバッグは、バッグから伸びるベルトだけでサドル下面に装着できる。その簡便さと軽さが魅力だが、フレームの大小や形状に影響を受け、取り付けできない場合もあるのが欠点。

ルとシートポストを利用する固定方法も同様だ。

機能や使い勝手に大差がないので、外形の寸法や容量、重量、防水性の有無など、比較的分かりやすいスペックで比較できる。

ただし、先端部の形状やベルトの位置など数値に表れにくい差異によって、自転車との相性が変わってくる。付く・付かないはもちろん、あまり揺れないようにサドル下面とシートポストに密着させることができるかどうかが重要だ。

だから、実際に購入する際は、自分の自転車を店舗に持ち込んで、店員に相談し、現物とフィッティングしてみることを強くお勧めする。大型サドルバッグの品揃えが豊富なショップはまだまだ限られているが、決して安価な買い物ではないので、多少交通費と時間をかけても、なるべく現物を確認したい。フレームサイズが50㎝以下の自転車（特にホリゾンタルフレーム）に乗っている方は慎重に選んでほしい。仲間が大型サドルバッグを使っていれば、少しの間お借りしてフィッティングを確かめてみるのもいいだろう。

大型とはいえ、サドルバッグの固定方法はごくシンプルだ。バッグ上面のベルトをサドルレールに通して

ほとんどすべてのバイクパッキング用サドルバッグがロールアップクロージャーを採用。バッグ後端を複数回折り返すことで、確実な開閉と容量の調節を同時に行う構造だ。荷室を別体のスタッフバッグとして、簡単に着脱できるホルスター型もある。

から、バッグ下面から伸びるベルトとリリースバックルで接続する。これによって、自転車への固定と荷物のコンプレッションを同時に行う。加えて、バッグ前端のベルクロをシートポストに巻いて揺れを防ぐ。

この固定方法は、予備チューブ専用といった小型のサドルバッグでも使われてきたので珍しくはないが、サドル下の空間をほとんどすべて使い、バッグの前端がサドルの下からシートポスト全体、そして集合部（トップチューブがシートステーと交わるところ）まで伸びるのが、バイクパッキング用サドルバッグの特徴である。

このため、シートポストの長さが限られていたり、シートクランプやシートステーの位置が高いと、取り付けるのが難しいという根本的な問題も抱えている。

バッグの形状は、ペダリングする足と干渉しないよう、先がすぼまった独特なシルエットになる。丈夫なナイロン生地が使われているが、裏地があったりなかったりといった細部は、製品ごとに違ってくる。

完全防水を実現している製品はごく一部だが、中身を防水のスタッフバッグに入れることで補うこともできる。

容量の大小は、バッグをどれだけ後方に伸ばしているかで決まる。左右にはあまり張り出さないので、細道やすれ違いといったシーンでも余計な気を使わずに済むのがうれしい。空気抵抗もあまり増えない。これらはサイドバッグや横型のサドルバッグに比べた時の大きなメリットだ。

バッグの開閉は、ほとんど例外なく後端をクルクルと巻くロールアップ式が採用されている。これによって、確実な開閉と荷物量に応じた容量の調節ができる。要はスタッフバッグだ。だから、別体の専用スタッフバッグを保持するホルスター型も多い。

バッグの前半分には形状を保つために樹脂製のプレートを挿入している製品が多いが、相応の荷物がバランスよく入ってないと、バッグ全体の外形を保つことができない。そのため、ある程度、自分が必要とする荷物量が定まってから、最適な容量のバッグを選ぶのが理想だ。

サドルの下という取り付け場所の宿命で、使い勝手がよいとはいえない。荷物を出し入れするには、必ず自転車を降りなければならない。

そのため、いくら容量が多いからといって、サドルバッグ「だけ」という使い方は例外的だ。トップチューブバッグなどを併用して、すぐに出したい物を入れ分けることになる。

ここからは、自分が使っているサドルバッグを紹介する。当然ながら市場にあるすべての製品を比べて選んだわけではないので、他に優れたものも多いだろう。筆者自身、明日には違うバッグを使っているかもしれないが、これから選ぶ人の参考になれば幸いだ。

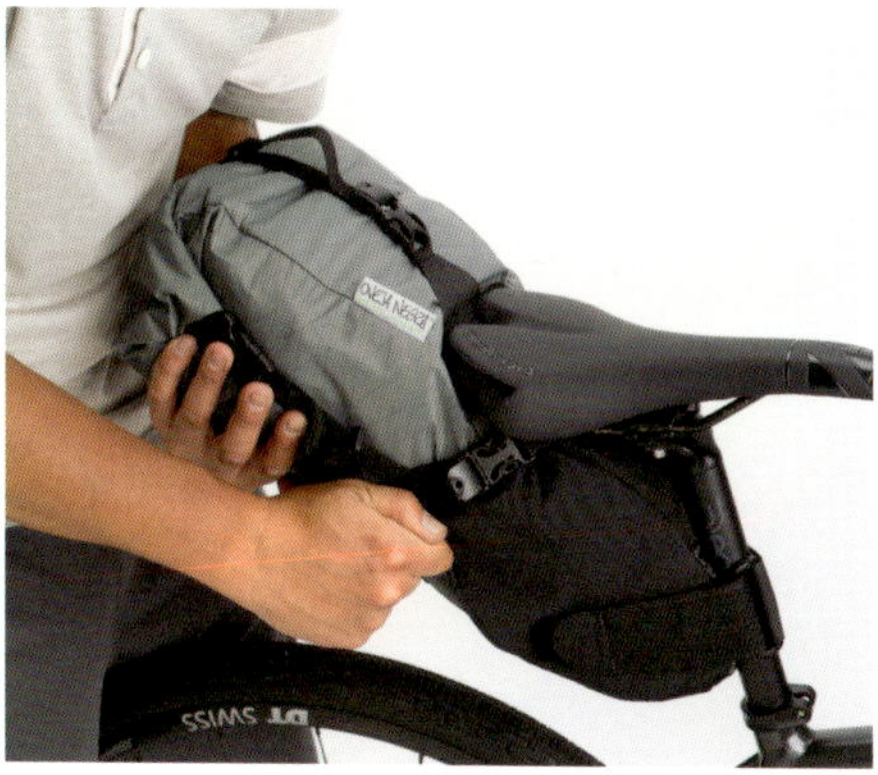

バッグ上面のベルトをサドルレールにくぐらせて側面のバックルに固定、次にバッグ先端のベルクロをシートポストに巻く。最後に、バッグ全体を押し上げつつ側面のバックルから伸びるベルトをきつく締め上げる。こうしてバッグをサドル下面に密着させることで、揺れを抑えることができる。

オルトリーブ シートパック

・公称容量：16.5ℓ
・実測重量：456g
・価　　格：21,500円（税抜）

フィッティング参考値
サドルレール下〜タイヤの間隔：21cm以上必要／シートポスト突き出し量：13cm以上必要
＊バッグとタイヤ（700×35C）のクリアランスを5cmほど設ける場合

メイドイン・ジャーマニーの防水バッグブランド、オルトリーブ。ツーリストやブルベを走るランドヌールに絶大な支持を得ている同ブランドが、満を持して送り出したバイクパッキング用の大型サドルバッグが、このシートパックだ。

頂角が鋭い二等辺三角形のような外形をしており、バッグを後方に広げながら伸ばすことで大容量を確保している。前端部が斜めに削ぎ落とされ、バッグ全体をかなり前傾させるデザインなので、ベストな状態で取り付けるにはシートポストの突き出し量が13㎝以上は必要だ。これがクリアできる自転車なら装着時の安定感は申し分ない。ダンシングしてもダートを走っても、バッグがほとんど揺れない。

バッグの前側には厚手の樹脂プレートが挿入されており、アルミの台座を介してシートポストに巻くベルクロが装着されている。こうした凝った構造のため重量はそれなりにかさんでいるが、それをデメリットと感

二段目のリフレクターマークまでロールアップしても、長さ40cmのテントポールや着替えを含め、キャンプに必要な基本アイテムが余裕で収まる。コンパクトな寝袋が使える夏季なら、このシートパックひとつでキャンプツーリングに旅立つこともできる。一方、最小容量まで絞っても8ℓあるため、日帰りのロングライドやブルベには過大である。

大型サドルバッグで常に懸念される「揺れ」をほとんど感じさせない。ベルトやバックル類の質感もよい。もっとも、この手のバッグでいちばん高価な製品なのだから、そうでないと困る。

じさせないほど信頼感がある。

オルトリーブ独自のコーティング生地と、縫い目がない溶着技術によって防水性も完璧だ。バケツのように水を内部に入れても、まるで漏れてこないほど。また、ロールアップ時に内部の空気を逃がす弁が左側に設けられており、これを開いておく（引っぱり出す）と、効果的にロールアップできる。

最大容量に近い状態で使うと、キャンプに必要な道具がすべて収まる。ただ、あまり後方にバッグを伸ばすとさすがに揺れが増すし、自転車をまたぎにくくなるので、フロントバッグなどに荷物を分散させるようにしている。なお、最小容量まで絞っても日帰りのロングライドには過大だ。

総じて現時点（2017年8月）でもっとも優れた大型サドルバッグだ。キャンプツーリングに興味があり、予算とフレームサイズが許すなら、最有力候補として推したい。また、改造の余地があるほとんど唯一の製品でもある（176ページ参照）。

- 公称容量：17ℓ
- 実測重量：375g
- 価　　格：17,399円（税込）

アピデュラ サドルパックレギュラー

フィッティング参考値
サドルレール下〜タイヤの間隔：22cm以上必要／シートポスト突き出し量：12cm以上必要
＊バッグとタイヤ（700×35C）のクリアランスを5cmほど設ける場合

英国のブランドであり、現在のようにバイクパッキングが注目されるきっかけとなった製品である。形状や構造は、バイクパッキングのオリジンであるレベレイトデザインのバッグをなぞっており、これは各社も同様だ。

生地は独特の張りを感じさせるナイロンで、アーガイル柄のような菱形格子で強化されている。縫い目以外での引裂きや摩耗、浸水の心配はほとんどない。縫い目がシーリングされてないので完全防水ではないが、本製品に続いて登場した「ドライ」シリーズでは完全防水を実現した（筆者は使ったことがない）。

外観は取り付けベルトとドローコードが付いてるだけの筒に思えるが、先端と下面に樹脂製のプレートが入っており、取り付けて荷物を収めた際につぶれたり折れたりしないように配慮されている。特に下面のプレートは全長の半分以上の長さがあり、荷崩れを効果的に防いでくれる。

キャンプに必要な装備を丸ごと収納できる。最大容量近くまで伸ばすと、冬用の寝袋も収まる。容量14ℓのMサイズ、11ℓのコンパクトサイズも用意されている。

各社から続々と大型サドルバッグが登場した現在も、アピデュラのサドルバッグは容量と重量のバランスがトップクラス。17,399円とやや高価だが、十分に納得できるだろう。

リリースバックル類の樹脂部品は、他社製品に比べるとやや小振り。心もとない印象を受けたが、実際の使用では何の問題もなかった。

いたってシンプルな構造のおかげで、容量が17ℓもありながら実測重量375gという軽さを誇る。カラーリングが洗練された印象を与えるのも人気の理由だろう。筆者のホリゾンタルフレームのロードバイクに付けると、前端のフラットな部分がシートステーに接するので、バッグ側に適当な大きさに切ったタイヤのトレッドゴムを接着して、フィット感を高めている。これによって、サドルレール、シートポスト、シートステーの三カ所でバッグを支える形になり、安定感は申し分ない。

シートポストの長さに余裕がある場合は、揺れる印象もある。特に最大容量近くまで伸ばすと揺れが気になるが、大振りなダンシングを控えるなど走り方に注意すれば、実用上はさほど問題ない。

- 公称容量：11ℓ
- 実測重量：465g
- 価　　格：15,000円（税抜）

ブラックバーン アウトポストシートパック&ドライバッグ

フィッティング参考値
サドルレール下〜タイヤの間隔：20cm以上必要／シートポスト突き出し量：11cm以上必要
＊バッグとタイヤ（700×35C）のクリアランスを5cmほど設ける場合

ブラックバーンは、ライトや工具などの自転車用品を総合的にプロデュースしてきたアメリカンブランド。バイクパッキングへの取り組みも比較的早く、ここで紹介するアウトポストシートパック&ドライバッグを中核として、各種のバッグをラインナップしている。

このサドルバッグの特徴は、専用のスタッフバッグを固定するホルスター式であること。そのため防水性は完璧であり、自転車を離れる際はスタッフバッグを引き抜いて持ち歩く、といったことも可能だ。

ただ、個人的にはホルスター式にあまりメリットは感じてない。濡らしたくない物や、ひとまとめにしたい物は市販のスタッフバッグに収めればいい。また、バッグ自体に荷物を収めるほうが手間が省け、出し入れしやすいと思う。

それでもこのバッグを使っているのは、ベルト類の造りが頑丈で信頼感があることと、容量が夏季のキャンプ道具を収めるに

付属の専用スタッフバッグは先細りになっており、うまく荷物を収めるとスムーズにバッグ本体とフィットする。11ℓという容量は、主要なキャンプ道具がぎりぎり収まるサイズ。余裕がないからこそ、持ち物を入念に取捨選択するようになり、結果として軽さを追求できる。

キャンプ装備を最低限に押さえ込み、身軽さを重視したいコースで使っている。宿泊まりのサイクリングには余裕あるサイズなので、着替えがかさむ冬場に重宝する。

は大き過ぎず小さ過ぎず適当だから。同ブランドの比較的大きなトップチューブバッグと組み合わせると、フロントバッグなしでキャンプツーリングができる。

初めて使った時は、ずいぶん揺れるバッグだなと残念に思った。揺れが大きい原因は、サドルレールに通す上下のベルトがバッグ本体に固定されてないからだ。ベルトが外せることで、ベルトをくぐらせるループを2つの位置から選べるが（後ろ側を選んだほうが安定するが、シートポストの突き出しが短い場合は前を利用する）、ベルトが左右にずれやすく、結果としてバッグ全体が揺れやすいのだ。

そこで筆者は、ベルトとループにボルトを貫通させ、バッグ本体にナットで固定した。すると格段に揺れが少なくなり、ダートなども安心して走れるようになった。かなり前傾した状態で装着できるので、最大容量近くまでバッグを後方に伸ばしてもバランスがいい。

・公称容量：10ℓ
・実測重量：515g
・価　　格：7,700円（税抜）

トピーク バックローダー 10リットル

フィッティング参考値
サドルレール下〜タイヤの間隔：22cm以上必要／シートポスト突き出し量：12cm以上必要
＊バッグとタイヤ（700×35C）のクリアランスを5cmほど設ける場合

容量10ℓでもキャンプの主要装備やレインウェア、輪行袋などがしっかり収まる。6ℓと15ℓのモデルもあり、用途に合わせて選ぶことができる。筆者のサドル位置だとバッグ全体があまり前傾せず、そのせいか最大容量近くまで伸ばすと揺れも気になる。

多機能な携帯工具や使いやすいポンプなど「かゆいところに手が届く」用品の数々が人気の台湾ブランド、トピークも本気でバイクパッキングに取り組んでいる。

バックローダー10リットルは、先行した各社のバッグを研究し、必要にして十分な機能を備えている。厚手のナイロン生地、前端と底に入ったプレート、頑丈で確実にロックできるリリースバックルなど隙がない仕様だ。逆に言えば新鮮みもないが、価格を知れば思わず食指が動く。バイクパッキングが気になるけど、自分のサイクリングスタイルに合うだろうか……そんな過渡期を越えるきっかけを与えてくれる。

ホルスター型ではないのに、専用の防水スタッフバッグが付属する。外形に合わせて先細りになっており、エア抜きバルブも装備。手頃な価格でも付加価値を追求しているのがトピークらしい。フロントローダーと組み合わせれば、キャンプツーリングも余裕で可能だ。

オペハネグラ
シートバッグラージ

・公称容量：12ℓ
・実測重量：365g
・価　　格：130ドル

フィッティング参考値
サドルレール下〜タイヤの間隔：23cm以上必要／シートポスト突き出し量：12cm以上必要
＊バッグとタイヤ（700×35C）のクリアランスを5cmほど設ける場合

フロントバッグを併用すれば十分にキャンプツーリングも可能だ。オペハネグラの国内流通は限定的だが、同社のホームページ（www.ovejanegrabikepacking.com）で購入可能。プラス65ドルのUSPS Priority EXPRESSを選んだところ、一週間ほどで到着した。

　アメリカ・コロラド州からハンドメイドのバイクパッキング用バッグを送り出しているオペハネグラ。このシートバッグラージは、おそらくアピデュラと同じ生地を用いており、軽さと耐久性を兼ね備えている。ドローコードがないため、かなり小さくなるまでロールアップできる。また、左右のバックルに加え、上下から伸びるベルトでもロールアップ部の中央を固定するので、バッグを後方に伸ばした際も荷物をしっかり抑えてくれる。バッグ下面には複数のループとD環があり、いろいろな用途に使えそうだ。

　固定方法は他の大型サドルバッグと同じだが、シートポストと接する面に凹凸のある軟質樹脂が使われており、効果的に揺れを抑えている。底面には前端まで伸びる樹脂プレートが入っており、丸みを帯びた側面形と相まって荷物を収めやすい。さりげないデザインの随所に、独自の工夫が盛り込まれた優れ物だ。

・公称容量：9ℓ
・実測重量：485g
・価　　格：6,000円（税抜）

ジャイアント スカウトシートバッグ

フィッティング参考値
サドルレール下～タイヤの間隔：25cm以上必要／シートポスト突き出し量：13cm以上必要
＊バッグとタイヤ（700×35C）のクリアランスを5cmほど設ける場合

前端までボリュームがあるので、思いのほか多くの荷物が入る。価格からは想像できないほどしっかりした造りはさすがジャイアントと思わせるが、他に比べて生地が格段に厚く、重い。軽さより丈夫さを優先したのだろう。

ジャイアントが大型サドルバッグを出した……この事実が、バイクパッキングの需要が高まっていることをあらためて実感させた。

公称容量は9ℓと控えめだが、実際は10ℓ以上の容量があると思われ、主要なキャンプ道具と着替えが収まる。他のサドルバッグは長さで容量を確保しているが、このスカウトシートバッグは縦方向のスペースにも余裕があり、荷物を重心に近いサドル下に寄せやすい。

一方、その縦に膨らんだデザインによって、サドルの高さやシートポスト突き出し量の要求は大きい。せっかく低価格なのに、利用できる自転車を選んでしまうのは惜しいところだ。

バッグ全体が厚手の防水ナイロン生地だが、ロールアップする後端部まで厚いのは意味がないと思われ、重量増につながっている。もう少し外形がスリムで軽量な新モデルも望まれる。

フェアウェザー
シートバッグ

・公称容量：9ℓ
・実測重量：350g
・価　　格：14,000円（税抜）

フィッティング参考値
サドルレール下〜タイヤの間隔：21cm以上必要／シートポスト突き出し量：11cm以上必要
＊バッグとタイヤ（700×35C）のクリアランスを5cmほど設ける場合

テントを含む主要なキャンプ道具が収まる。同じデザインテイストでフロントバッグやフレームバッグも用意されているので、組み合わせ次第では本格的なキャンプツーリングが可能になる。

東京の自転車ショップ「ブルーラグ」が展開するオリジナルブランドの大型サドルバッグ。全体の形状や構造、ボリュームはオペハネグラのシートパックによく似ているが、国産らしい細やかな工夫が随所に見られる。

使われている生地は他にないもので、テフロン加工が施されたリップストップナイロンの裏に防水フィルムを貼り付けている。ドローコードに加え、上面に小さなポケットを設けており、サドルバッグ特有の使い勝手の悪さを改善しようと試みている。それでいて十分に軽量だ。

当初、お洒落な街乗り用アイテムかと思っていたフェアウェザーだが、想像以上に造りはしっかりしているし、容量にも余裕がある。しかも十分に軽い。普段使いからロングライド、そしてキャンプツーリングまで対応できるのは間違いない。定番のブラックに加え、オリーブやブラウンなど他にはないカラー展開も新鮮だ。

悩ましいフロントバッグ

バイクパッキングのフロントバッグは、左右をロールアップする筒状のデザインが採用されることが多い。軽いけれど、中身の出し入れなどの使い勝手は、必ずしもよくない。

本来は、もっとも使いやすいのがフロントバッグである。自転車にまたがったまま目と手が届くため、すぐに取り出したい補給食やカメラの定位置になるし、レインジャケットを入れておけば、急な雨や峠の下りといった気温の変化に素早く対応できる。フロントバッグ上面は紙の地図を入れるスペースとしても欠かせなかった。

ところが、バイクパッキングでは、フロントバッグにそうした利便性を求めることは難しくなった。

まず第一に、サドルバッグ同様のロールアップ構造を採用したフロントバッグが多いこと。だから軽量なのだが、荷物を出し入れするのが面倒になった。ドロップハンドルの場合はいっそう出し入れしづらいし、幅を無闇に広げることができないので、最大容量まで使い切ることも難しい。

次に、キャリアで下から支えず、ベルトでハンドルに吊るすだけなので、重量物を入れるとハンドリングが不安定になりがち

従来のフロントバッグは容量に余裕があり、雑多な荷物も収めやすい。フタの上面はマップケースとしても欠かせない存在だった。

補給食入れとしてのフロントバッグの役割は、各種のトップチューブバッグが代替しつつある。特にロードバイクでは便利に使えるスペースだ。

どんなフロントバッグを利用したいかが、自転車選びに直結した。特にツーリング車は、フロントバッグを活用するために工夫されてきたと言っても過言ではない。

だ。筆者は最大でも2kgまでにしている。テント泊で用いる寝袋やマットなど、軽いけれどかさばる荷物を収納するスペースとしてフロントバッグを利用することが多い。

使い勝手を改善するため、フロントバッグに付加するアクセサリーバッグも存在する。小さなポーチのようなものだが、小物の出し入れはしやすくなる。また、製品によっては、アクセサリーバッグ単体でもハンドルに装着できる。

日帰りのロングライドやブルベなど、さほど多くの荷物を必要としないシーンなら、フロントバッグは付けずにトップチューブバッグやステムの横にぶら下げる小さなバッグなどで代用することが多い。

バイクパッキングにおいて、今後の改善がもっとも望まれ、使い手の工夫しがいもあるのが、フロントバッグではないだろうか。キャリアと同じように「存在しないフロントバッグ」が最良ではないか？とも思っている。

オルトリーブ
アクセサリーパック

- 公称容量：3.5ℓ
- 実測重量：170g（ショルダーベルトなど含まず）
- 価　　格：9,000円（税抜）

出し入れする機会が多い上下のレインウェアやソーラーパネルなどを十分に収めることができる。小さいタイプを選べば、輪行袋も入る。なお、生地が薄いので、タイヤに擦るとすぐに穴が空くので注意したい。

バイクパッキング向けのフロントバッグで、ある程度の使いやすさを備えたほとんど唯一の製品である。本来は、オルトリーブのハンドルバーパックに付加するポケットのようなサブアイテムだが、これ単体でもハンドルバーに吊るすことができる。ハンドル幅が狭いロードバイクでは、本体であるハンドルバーパックが過大すぎるので、このアクセサリーパックだけを使うのが便利だ。

容量は限られているが、補給食やレインウェアなど取り出す機会が多い荷物を収めるには十分。上部がロールアップで大きく開くので、サドルから降りずに中身を確認しながら出し入れできる。従来のフロントバッグでは当たり前だった便利さを、かろうじて備えているのが本製品だ。

ほとんどのロードバイクで問題なく利用できるサイズだが、ハンドル位置が低い場合はタイヤに擦りやすい。ハンドルバーに巻くベルクロを手前に引き上げるように締め付けておこう。

アピデュラ ハンドルバーパック コンパクト

・公称容量：9ℓ
・実測重量：220g
・価　　格：11,480円（税込）

モンベルのスポンジ入りエアマット（150cm長）がちょうど収まる。それだけのためにこのバッグを使うのはもったいない気もするが、各種の用品がかさ張る冬場は欠かせない収納スペースではある。

容量が20ℓのタイプもあるが、ロードバイクでは相当ロールアップしないとハンドルのドロップ部に干渉してしまうので、こちらのコンパクトが相応しい。

ドローコードが付いているものの、実質的には左右をロールアップするだけの筒である。それゆえ軽量なのだが、自転車にまたがったまま中身を出し入れするのは難しいから、キャンプ場に着いて取り出すマットや寝袋などの専用スペースだ。取り付け位置や形状的にも、そうした軽い筒物の収納に適している。

幅40㎝前後のドロップハンドルで利用できる実質的な容量は5ℓほど。こんなモノに1万円以上も投資するなら、マットや寝袋にベルトを巻いて、直接ハンドルに吊るしてもいいのだが、そうした露天繋止をやりはじめると、一気に放浪感が醸し出されてしまう。やはりバッグを利用したほうがスマートだし、中身が傷まないのは間違いない。

本製品用のアクセサリーポケットもあるが、単体では利用できない。

・公称容量：8ℓ
・実測重量：270g（外付けストラップ含まず）
・価　　格：7,700円（税抜）

トピーク フロントローダー

バッグというより、スタッフバッグをハンドルに吊るすため大型ベルトといった製品。冬用の寝袋や着替えなど、軽い割りにかさ張る荷物の収納に役立つ。

左右ロールアップのエアバルブ付きスタッフバッグを収納スペースとした、シンプルなホルスター型フロントバッグ。

スタッフバッグの容量は8ℓとなっているが、ドロップハンドルの幅に収めるためには相当ロールアップする必要があり、実際は半分ほどの容量になってしまう。それでもマットや寝袋を十分に収納できるので、サドルバッグと併用すると便利ではある。前面に何らかの荷物を外付けするためのストラップと、ステムに巻いて前下がりを抑えるようなベルトも付属する（上の写真では未装着）。

ホルスター型と言えばそれっぽいが、要はスタッフバッグを固定するだけのアイテムなので、道中で出し入れする必要がある物を入れるには不向き。手軽に相応の容量が稼げるが、バイクパッキングらしい収納スペースではあるが、トピークはワンタッチで着脱できる従来の角型ハンドルバーバッグも充実しているので、使い勝手を重視するなら、そちらを選んだほうが良さそうだ。

ジャイアント
スカウトハンドルバーバッグ

・公称容量：6ℓ
・実測重量：280g
・価　　格：7,000円（税抜）

とても簡素な構造。同社のスカウトシートバッグと併用すればキャンプ道具一式が余裕で収まる。もっとも手頃な価格で本格的なバイクパッキングを始めることができる組み合わせだ。

　こちらもスタッフバッグを抱え込むホルスター型のフロントバッグ。トピークより一層シンプルなデザインであり、付属の専用スタッフバッグは片側だけロールアップによって開閉する。両側が開く必要性は薄いから、合理的な割り切りだ。エアバルブもないので、スタッフバッグを閉じる際にやや苦労するが、実用上は問題なく使うことができる。スタッフバッグの外側とホルダー内側にベルクロが貼られており、取り付け時の位置決めがしやすいように工夫されている。幅もロードバイクで使いやすい寸法だ。
　ハンドルバーへの取り付けは、ラダーロックベルトを巻くだけ。トピークは滑り止め加工されたベルクロも併用しているので、両者を比べるとジャイアントのシンプルさがいっそう際立つ。しかし、その割りにさほど軽くないのは、ホルダーの生地が厚めで面積も広いからだろう。「丈夫そう」という安心感はあるが、多少華奢でも軽く仕上げてほしいところだ。

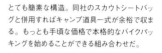

フレームバッグの導入は慎重に

筆者が唯一使った本格的なフレームバッグは、アピデュラのロードフレームパック（スモール）という製品。フレームサイズ50cmのホリゾンタルフレームロードバイクにぴったり合う。

トップチューブに吊るして、フレーム三角内を利用するのがフレームバッグだ。自転車に残されている数少ない空間の活用であり、既存の常識にとらわれないバイクパッキングらしい装備といえる。

フレームバッグは大小や形状のバリエーションが多い。大別すると、フレーム三角のコーナー部だけを占める小さなタイプ、フレーム三角の上半分を占めるタイプ（ボトルケージを活かす）、フレーム三角全体を占めるタイプ（ボルケージも外す）となる。

コーナーバッグはトップチューブバッグ同様に、小物を入れる補助的なスペースだ。ＭＴＢでは昔から利用されており、フレーム内に肩を入れて担ぐ際、当たりを和らげるパッドの役割を果たすこともできる。

フレームの上半分を占めるタイプは、容量はさほど稼げなくても前後に長いので、たとえばテントのポールなど長物を収めるのに便利なスペースとなる。ボトルケージと共存できるのも便利だ。ただし、小さいフレームでは、ごく短いタイプしか付けられないので、ポールを収めることはできない。

フルサイズのフレームバッグは、サドルバッグに匹敵するメインスペースとして活用できる可能性がある

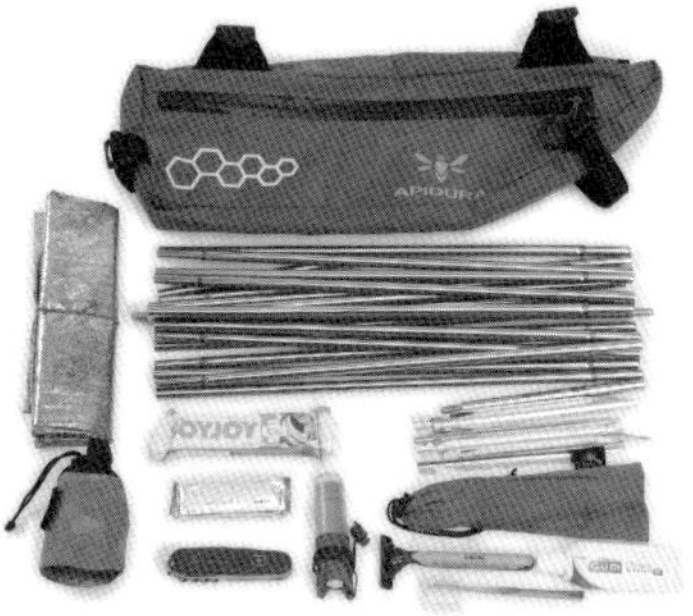

長さ40cmのテントポールが収まるので、テント泊をしたい時は重宝する。自転車にまたがったまま中身の出し入れができるので、ロングライドでの補給食入れに使うこともあったが、ボトルケージが使いにくくなるデメリットを覆すほど便利ではないため、出番は少なくなった。

使いにくいフロントバッグやフレームバッグの代わりに重宝するトップチューブバッグ。容量は0.5～1ℓ程度と限定的だが、補給食や日焼け止めといった出し入れする機会の多いアイテムの収納に役立つ。筆者は、サドルバッグのブランドに合わせて使い分けている。オルトリーブはなぜかトップチューブバッグが存在しないので、ドイターを合わせている。

フレーム三角の隅を埋めるようなバッグも存在する。写真はドイターのフロントトライアングルバッグ。あと少し収納スペースが欲しい、という時に役立つ。ボトルと干渉しなければ利用価値大。

が、自分の自転車にピタリと合う製品を見つけるのが難しい。さらに悩ましいのが、非常に便利なボトルケージを失ってしまうことだ。ドリンクボトルはもちろん、ツールボトルを使えば相応の重量物を入れることができる。そのため、筆者はフルフレームバッグを使ったことはない。

　フレーム三角内に収まるので、重量物を入れても走行時のバランスが崩れにくい、というのがフレームバッグの長所として挙げられる。

　では、具体的には何を入れるかとなると、ボトルケージ以上の有効性を見いだしづらい。一番重い荷物となりうるのは水だが、ボトルに入れてケージに差せばいい。工具や予備チューブなどもツールボトルに収まる。もし、ほかにもっと重い物があったとしたら、それ自体を軽くしたほうが建設的だ。

　フレームバッグはバイクパッキングの象徴だが、筆者の場合、ポールが必要なテントを使う時しかフレームバッグを付けなくなった。だから、各社の製品を使い比べた経験が乏しい。個人的には、バイクパッキングの「三種の神器」の一角は、ツールボトルかトップチューブバッグに譲ってもいいと思っている。

ベストな自転車の条件
～理想と現実の調和～

シートポストの突き出し量を稼ぐことができるスローピングフレームと、シートステーがすっきりするディスクブレーキ仕様のロードバイクがバイクパッキング向きだ。

キャリアレスで汎用性が高いバッグを利用するのがバイクパッキング。どんなタイプの自転車でも利用できる……と言い切れないのが、悩ましいところだ。

バイクパッキングで必須の大型サドルバッグを利用するためには、サドル下とタイヤの間に、バッグの高さ寸法プラスαのスペースが必要となる。

この点で700Cという直径が大きな車輪を採用しているロードバイクは、かなり不利である。MTBも近年は27・5インチ（650B）や29インチなど大きな車輪が主流になったので、注意を要する。

BBの高さにもよるが、サドルの高さ（BB～サドル上面）が65㎝以上はないと、市販されている大型サドルバッグの多くがタイヤと接触してしまう怖れがある。フレーム形状にも大きく左右されるが、身長160㎝以上の乗り手でないと、大型サドルバッグを利用するのは難しいだろう。

なお、フレームサイズがかなり小さくても、車輪が小さければ大型サドルバッグが付けられることもある。たとえば、小さな24インチの車輪を採用したジュニア用ロードなどは、サドルの高さが55㎝程度でも付けることができるバッグがある。だから、小径車とバイク

スローピングが浅くても、写真のようにシートステーの位置が低いフレームデザインだと、大型サドルバッグを付けやすい場合が多い。

手前の自転車のようにサドルバッグが水平に近い状態だと、荷崩れしやすく揺れも増す。後ろの自転車のようにバッグが前傾（後ろ上がり）するのが望ましい。

パッキングは意外と相性がよかったりする。

サドルの高さだけでなく、シートポストが出ている長さも重要だ。サドルバッグ前端のベルクロを巻くので、その幅や本数に見合ったシートポストの長さが必要になる。

同じフレームサイズで比べると、スローピングフレームはシートポストが長く出るが、ホリゾンタルフレームは短くなる。

スローピングとホリゾンタルのどちらが走行性能面で優秀かは意見が分かれるところだが、バイクパッキングではスローピングのほうがサドルバッグの選択肢が広がる。

シートポストが長く出ているほど、サドルバッグを前下がりにセットしやすい。前下がりのほうがタイヤとのクリアランスを稼ぎやすいし、バッグの実質的な長さが短くなり、重心（乗り手）に近づくので揺れが抑えられる。荷物を出し入れする際も、バッグが前に傾いていたほうが転げ落ちる心配が減る。

シートステーの位置も確認事項だ。スローピングフレームの場合、シートステーも必然的に低い位置になるので、サドルバッグの前端が収まるスペースを確保

サイズが小さなロードバイクの例。右は身長135cmの娘が乗る24インチロード。サドル高さ53cmだが、車輪径が小さいためサドル下〜車輪の間隔が22cmほどあり、トピーク・バッグローダー10リットルが問題なく装着できる。左は身長154cmの妻が乗るロード。サドルの高さが58cmだが、車輪が一般的な700Cなのでサドル下〜車輪の間隔が18cmほどしかなく、オルトリーブ・サドルバッグLがやっと付く状況。

しやすい。

ホリゾンタルフレームはシートステー上端の位置も高いのが普通なので（シートステーだけグッと低くなっているモデルもある）、バッグ先端の下部がつかえて収まりが悪いこともある。

ホリゾンタルフレームにもメリットはある。サドルの高さとサドルバッグ前端の形状によっては、シートステーが下からバッグを支える格好になり、かえって安定感が高まる場合もある。また、前三角のスペースが広いので、フレームバッグやボトルケージが使いやすいのも長所だ。

ディスクブレーキを採用している自転車は、シートステー上部がすっきりするので、サドルバッグの収まりがよくなる。他のブレーキ形式（特にカンチブレーキ）だと、ワイヤーがバッグと干渉することもある。

このように、自転車とサドルバッグの相性はさまざまな要素が絡み合う。フロントバッグやフレームバッグも同様だ。

結局、小柄な人はどうすればいいのか？ 自分なりに考えた選択肢は4つある。

ひとつ目は、大型サドルバッグをすっぱり諦める。

左から、700C、650B、26インチの車輪。タイヤの太さで径が変わるので一概には言えないが、車輪が大きいほどフレームの空間的余裕がなくなり、バイクパッキング用の大型バッグが使いづらくなる。乗り手の体格に合わせて、フレーム寸法だけでなく車輪径も選べればベストだが、市販車では難しいのが現状。

当然フレームバッグも使いづらいだろうから、重量物はツールボトルと小さなサドルバッグに入れ、なるべく軽くしたリュックを背負う。

二つ目は、軽量化という恩恵は薄れてしまうが、従来の横型サドルバッグ＋サポーターか、キャリア＋パニアバッグを採用する。

三つ目は、既存のバッグを改造したり、オーダーメイドを依頼。もしくは自作に挑む。これは176ページで実例を紹介しているので、参考にしてほしい。

最後にして究極の選択肢は、小さなフレームサイズに合わせて、26インチや650A・B・Cなど、700Cより小さな車輪径の自転車を選ぶこと。こうすればサドル下とタイヤの空間が大幅に広がる。

現在市販されているロードバイクは、車輪が700Cに固定されてしまったが、オーダーメイドなら車輪径を選ぶことも不可能ではない。

バッグのために自転車を新調するのは馬鹿げていると思われるかも知れないが、筆者はとても素敵なことだと思う。たとえロードバイクであっても、ツーリング車と同じように、バッグありきで自転車を選ぶのが正解かもしれない。

バイクパッキング適性を高める

近年のロードバイクは、廉価なアルミやカーボンフレームモデルでも、十分に高い剛性と快適性を両立している。結果として、バイクパッキング適性も高い。

舗装路だけを走るロードバイクツーリングにバイクパッキングを採用する場合でも、タイヤは少し太めがいい。

いくら軽さが身上のバイクパッキングとはいえ、空身の自転車より重量が増すのは間違いない。段差にハンドルが取られやすくなったり、路面から体に伝わる振動も大きくなる。

それらのデメリットを、太めのタイヤは消し去ってくれる。すでにロードバイクでも25Cが主流になったが、28C程度まで太いタイヤを履くと安心感が高まる。とはいえ、舗装路だけを走るなら、それ以上に太いタイヤも必要ないだろう。

なお、タイヤには「25C」と表記されていても、実際に幅が25㎜とは限らない製品が多い。ロングライドで人気が高いコンチネンタル・グランプリ4000SⅡというタイヤを筆者も愛用しているが、これの25Cは、実測すると幅28㎜あり、バイクパッキング装備でもちょうどいい安心感と転がりの軽さを両立している。さほど荒れてない未舗装の林道も走破できる。

フレームの剛性は、高いほうがいい。ツーリング用途では「しなやかさ」が重視される傾向もあるが、乗り味はタイヤの幅や空気圧で簡単に調整できる。

大きなサドルバッグを付けると、走行中にフレームをよじるような負荷がかかるので、剛性が高いほうが自転車の挙動が安定する。近年のアルミやカーボンフレームのロードなら、すでに十分な剛性を確保しているモデルがほとんどである。バッグの影響を受けやすいのは、パイプの外径が細いスチールフレームだ。

いくら軽量なバイクパッキング仕様といえど、空荷より重いのは事実なので、太めのタイヤを履いたほうが走りの安定感が増す。28C程度のタイヤを履いていれば、さほど荒れてないダートも走破できる。なお、フレーム各部の寸法やフォーク、ブレーキアーチなどのクリアランスがタイトなモデルは、太いタイヤが入らないこともある。

ギヤ比も考慮したい。それまで使っていたカセットスプロケットの最大歯数が25Tだったら28Tへ、28Tだったら32Tへというように、ワンランク軽いギヤが使えるように換装しておけば、バイクバッキング装備でも坂が辛いと感じるシーンが少なくなる。

ただし、最大歯数32Tのカセットスプロケットを使うためには、ディレイラーをプーリーケージが長いGSタイプに変更する必要があるので、費用はかさむ。エンデュランスやグラベルを謳うロードバイクは、最初から32Tを装着しているモデルも増えてきた。

従来、荷物を積むなら強度と耐久性を高めるためにスポーク本数が多いホイールが望ましいとされてきたが、バイクパッキングでの重量増ぐらいなら、たとえキャンプ装備でも、ホイールまで変える必要はないだろう。

乗車ポジションもそのままでOK。だから、小さなサドルバッグを付けただけの日帰りサイクリングと、大型サドルバッグを付けたロングライド、前後にバッグを付けたキャンプツーリングの走行感覚が、ほとんど変わらない。一台の自転車をさまざまなシーンで活用できるのも、バイクパッキングの強みだ。

キャリアを用いる
バッグのメリット

キャリアを利用すれば、フレームサイズの大小や剛性に関わらず、多様なバッグを利用できる。そうしたキャリアが調和した伝統的なツーリング車の機能美は、歴史の浅いバイクパッキングがまだ及ぶところではない。

キャリアを用いるスタイルにも、当然ながらメリットはある。むしろ、重いことだけが欠点だ。キャリアさえ付ければ自転車を選ばず大きなバッグを利用できるし、使い勝手も良好なバッグが多い。

バイクパッキングに移行して、いちばん惜しいと痛感したのが、従来の角形フロントバッグだ。いかに使いやすい優れ物であったかを再発見した。

ランドナーなどのツーリング車のように、小さなフロントキャリアで下から支えるタイプの角形フロントバッグは、一眼レフカメラなど重い荷物を入れても安定感があるし、容量にゆとりがある製品が多い。

出し入れのしやすさもバイクパッキング用バッグが遠く及ばないところだ。角形フロントバッグは上面のフタがガバッと開くので、一目で荷物の場所がわかり、自転車にまたがったまま即座に取り出せる。フタがマップケースとして利用できるのも長所だ。

キャリアなしで、専用のアダプター（リクセンカウルのクリックフィックスなど）やフックを用いるフロントバッグもある。ナイロン製を選べば、バイクパッキング用のシンプルなバッグに匹敵するほど軽いフロントバッグもあり、ロードバイクで使う人も多い。

ULを意識した製品を慎重に選べば、一般的な従来のフロントバッグとサドルバッグにもすべてのキャンプ道具とツーリング用品が収まる。「小旅行車」という位置づけのランドナーでも、十分にキャンプツーリングを楽しむことができるのだ。だから、ますます大型キャリアやサイドバッグの出番がないともいえる……。

サドルループで吊るすサドルバッグにも長所がある。サドルの後端から吊るすのでシートポストの長さやフレーム形状の影響を受けづらい。横方向には大きいが、前後には伸びないので、自転車を左右に振った際の揺動も少ない。つまり、フレームのサイズが小さかったり、剛性が低くてバッグの影響を受けやすい自転車でも使いやすいカタチなのだ。フロントバッグ同様にフタがある製品が多いので、荷物の出し入れもしやすい。

このような便利さを捨て去ったからこそ、バイクパッキング用のバッグは軽さを手にしたと言える。特にロールアップ式のフロントバッグは、ハンディGPSやスマホが普及した現在だからこそ受け入れられる。紙の地図を出し入れしたり、ひんぱんに確認する必要があったら、とても使うことができない。

だから、キャリアがある自転車でバイクパッキング用のバッグを無理に使う必要はない。従来型のバッグにも多くのメリットがあることを忘れてはならない。

しかも、現代的なUL仕様のキャンプ道具を選べば、フロントとサドルバッグだけに収めることも簡単である。サイドバッグなしでキャンプができる恩恵は、ランドナーなどのツーリング車でも享受できるのだ。

輪行についてオヤジの小言

自転車と一緒に公共交通機関を利用する移動方法が「輪行」だ。鉄道や航空機を利用して、好みの場所へ素早く移動できる。多様なルートをサイクリングするために、輪行は欠かすことができない手段である。

バイクパッキングの隠れた美点が、実は輪行との相性が素晴らしくよいこと。大型サドルバッグを外しさえすれば、あとは車輪を外すなど通常の分解作業を行うだけで輪行袋に収まってくれる。小振りなフロントバッグやフレームバッグは取り付けたままでも問題なく、大きなキャリアを外したり、バッグを何個もぶら下げて歩く必要がない。

輪行が一般的になり、自転車がとても軽くなった今日でも、輪行が苦手、嫌いという人は珍しくない。いわく、重い、体が痛い、自転車が傷つく……。

いずれも、ほんの少しの工夫と馴れで改善できる。重さを辛く感じるのは、ショルダーベルトが長過ぎたりして担ぎ方が悪いことがほとんど。体に部品が当たるなら、収納する位置を少しずらしたり、その部品（たいていクイックレバー）を外せば済む。フレームとタイヤを縛る際、金属部同士が触れないように気を使えば、キズが付く可能性も低い。心配ならフレームカバーやチェーンカバーなどを併用してもいい。

ディスクブレーキと輪行は相性が悪い、という声も聞くが、まったくの杞憂である。ブレーキパッドが閉まらないよう、小さなスペーサーを挟んでおけば済むし、長時間倒立させてもブレーキオイルに悪影響が出た経験はない。

輪行で何より大切なのは、自分が思い切り邪魔な荷物（他人から見れば）を持っていることを自覚すること。駅や列車内では周囲の人に配慮し、輪行袋が迷惑をかけてないか常に確認しよう。混む列車をなるべく避ける、複数人で乗るなら号車を分けるといった振る舞いも求められる。

輪行という素晴らしい制度が今後も存続するかどうかは、サイクリスト一人一人のマナーにかかっている。

万事に気を配れ！

PART 3

はじめよう！ キャンプツーリング

衣食住のすべてを自分で用意し、
キャンプ場で過ごす夜は格別だ。
日帰りや宿を利用するサイクリングとは
次元が違う充実感を得ることができ、
バイクパッキングならロングライドとキャンプを
両立させることもできる。
用意すべきギアや必要なノウハウも増えるが、
それもまた大きな楽しみだ。

能登半島の北端へ向かう道。日本海側でいちばん大きな半島だけあり、一周したと実感できるコースは距離300km以上になる。バイクパッキング装備ならキャンプとホテル泊を柔軟に選べるので、自分のペースに応じた行程計画を立てやすい。

1

4

5

3

2

1. 四国でいちばん標高がある峠といわれる落合峠。
キャンプ道具を持っていても、ロードバイクなら積極的に峠を目指すことができる。
2. 静かな林道を進む。話とコースの好みが合う仲間と一緒だと、しんどいはずの上りも気にならない。
3. 便利なガスバーナーを持っていても、結局はカップ麺か袋麺が定番のメニューだったりする。
4. 熊本地震に伴って開設されたボランティア村。一日だけ瓦礫の片付けを手伝わせていただいたが、
こうした特設キャンプサイト（大学の駐車場）では自立型のテントが欠かせない。
5. 行動中の食事は気分次第。時間に余裕があれば地元ならではのグルメも楽しむが、たいていはコンビニで済ませて先を急ぐ。
6. テントは一夜のリゾートマンション。しばしば自宅より落ち着くと感じる。

6

快晴に恵まれた北海道の狩勝峠。霧に包まれることがとても多い峠だから、うれしさもひとしお。長い下りではディスクブレーキが頼もしい。

もちろん降られることもある。それでも走るか走らないかは自分次第。日程と行程、そしてレインウェアなど装備の善し悪しによる。

2

1

4

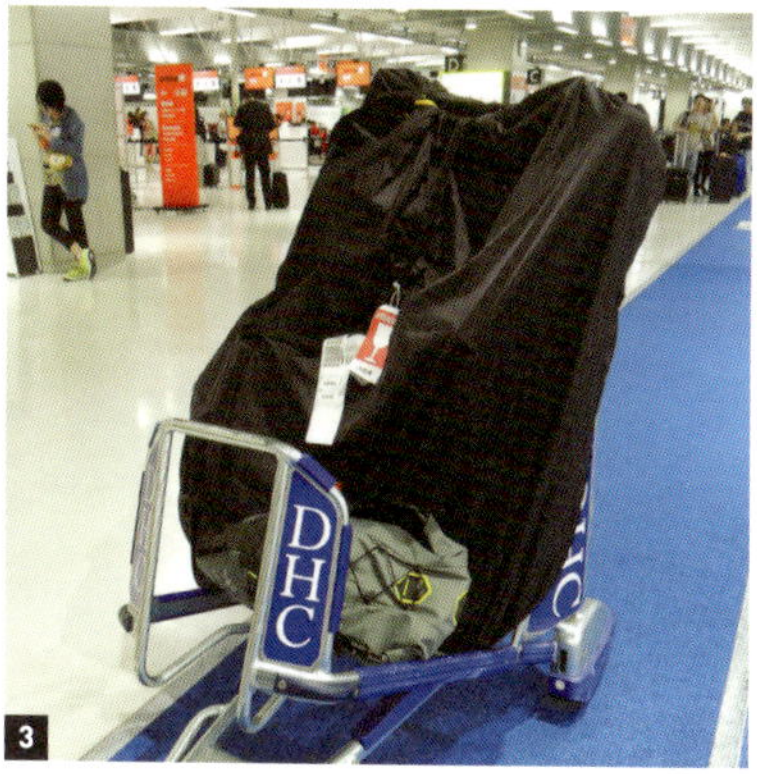

3

1. サドルバッグさえ外せば輪行袋に収まるのもバイクパッキングの長所。
フロントバッグやフレームバッグ、トップチューブバッグは装着したままで問題ない。
写真は縦型輪行袋の収納スタイルだが、最近は横型輪行袋にも優れた製品が増えたし、
エンド金具を付けておけば縦に置くこともできる。

2. 輪行を通して、鉄道趣味に目覚めるサイクリストも多い。渋い駅舎には思わず吸い寄せられる。

3. ヒコーキ輪行も通常の輪行袋でOK。格安航空会社が一般的になり、遠方にも気軽に出かけやすくなった。

4. フェリーもいい。乗船時間が長い航路なら、仮眠もできる。
夜間便をうまく利用すれば、時間と費用を節約することも。

ハイカーともクルマとも違う、自転車ならではキャンプ旅

サイクリングとキャンプは、遊びの組み合わせとして理想的だ。走って、食べて、飲んで、寝る。楽しいことだけをして過ごす一日は最高の贅沢であり、癒される。

キャンプツーリングとは、衣食住に必要な装備を自分の自転車に搭載するサイクリングである。そして、バイクパッキングのメリットがもっとも有効に活用できるシーンだ。

一日で100kmを走ることができる人なら、キャンプツーリングでも一日で100kmを走ることができる。この「変わらなさ」こそ、バイクパッキングの魅力であり、軽さの恩恵である。キャンプをするために、失う物が少ないのだ。

輪行など走り以外も快適だから、ホテルや旅館を利用する一泊二日のサイクリングと同じ感覚で気軽に出かけやすく、キャンプという夜の過ごし方を選ぶことができる。

もちろん、スケールの大きな旅も可能だ。一泊二日でも一ヶ月でも、実は装備内容はほとんど変わらない（充電器などが必要になるくらい）。

テント泊で過ごす夜は、思い出が鮮明だ。キャンプ場では、自転車を降りても旅という非日常的な時間が続く。キャンプ場の風景はもちろん、周辺の街の賑わいや人々の様子、通り過ぎた道中のあれこれがはっきりと記憶される。一人静かに一日を思い返す時間が得

られるからだろうか。仲間と一緒に飲み交わした夜も記憶に残るから、やはり、キャンプという行為そのものが特別なのだろう。

ホテルや旅館など、既設の宿泊施設は確かに便利だ。よほど変な宿に巡り会わない限り、快適である。仲間と申し合わせて、馴染みの宿に集まるサイクリングは最高だ。着いた瞬間の安堵感が心地よい。

しかし、入り口をくぐった途端に旅が中断し、自分がただの「お客さん」に変わってしまう感もある。何の心配もいらない分、ワクワク感が薄れ、キャンプに比べるとどこか物足りない。

とはいえ、自転車ツーリングのキャンプは、かなり都会的でカジュアルだったりする。

クルマには及ばずとも、自転車の行動範囲は徒歩の4倍以上に及ぶ。すると、たいていのキャンプ場は、街から近いと感じられる。キャンプ場に着いてから買い出しに行く、なんていうことが簡単なケースが多い。天気が悪ければ、キャンプを取りやめてホテルに逃げ込むこともできたりする。

だから、キャンプの前後は、まるでその街で暮らしているような錯覚に包まれる。

Aコープで地元産の肉を買おう、コインランドリーを見つけたらウェアを洗いたい、銭湯がちょっと遠い……だったら明日、出発してから朝風呂をキメるか。まずはさっき見かけた100円ショップで固形燃料を買っておこう……まったくもって自然に親しむ要素が薄い。仲間と一緒のキャンプだと、屋外で宴会してるだけ、というのが実態だ。もちろん楽しい。オッサン

キャンプに必要な買い出しのために街中を通ると、思いがけず素敵な風景に出会ったりする。観光地でも景勝地でもない、生活感のある街並を感じることができる。写真は鳥取県の用瀬。

同士でも、こんな時間が永遠に続いてほしいと思うほどだ（汗）。

こんな有様だから、キャンプは自然に近づくことができるとか、環境に優しくてシンプルな旅ができる……なんて型通りの魅力は恥ずかしくて書けない。

アウトドアと呼ばれる趣味は、すべて周到に用意された環境と道具があって初めて可能だ。手つかずの自然の中でキャンプするなんていうのは、砂漠やジャングルに墜落した飛行機から脱出して助けを待つ、なんていうサバイバルな状況だけではないだろうか。

キャンプツーリングには、確かに実用性もある。宿泊施設が少ないエリアでもキャンプ場があることは珍しくないから、行程の自由度が高まる。早起きになるから、一日の行動範囲を広げることもできる。「ワイルドだぜ」という気分（あくまで気分）にも浸れる。

そしてキャンプ場の料金は安い。無料というキャンプ場も多い。キャンプ道具に投資しても、遠からず回収できる。そのため、キャンプの理由に節約を挙げることもできるが、それを言っていいのは若者だけだ。いい大人が真顔で言っちゃいけない。本当に節約したいなら、家を出なければいい。非日常感に包まれて夜を過ごすための、贅沢な手段がキャンプなのだ。

「キャンプは大変でしょ」と言われることもある。そんなことはないんですよ、と申し訳なくなる。言うまでもなく遊びだし、苦労より楽しさが勝るからやっているに過ぎない。

自転車ではオートキャンプのような豪華設備は用意できないが、それだけ設営も撤収も簡単だ。自分が選んだ道具を使いこなすのは単純に面白いし、期待どおりの機能を発揮してくれればよし、そうでなければ次は改善しようとガッツが湧く。

結局、「好きだから」とか「楽しいから」としか、キャンプのモチベーションは言い表せないのかもしれない。ちょっともどかしい。

キャンプツーリングに必要な装備は、登山やハイキングでのキャンプとほとんど同じである。外界から身を守るシェルター、上質な眠りをもたらす寝袋（シュラフ）とスリーピングマット、そして温かい食べ物を自前で用意できる調理器具などが代表だ。これらを使いこなせば、快適な時間を過ごすことができ、翌日も元気に走ることができる。

こうしたキャンプ道具は「走る」というサイクリン

テントなどのキャンプ道具は、走行中はまったく役に立たない荷物だ。少なく、軽いに越したことはないが、快適な夜を過ごせないと翌日が台無しになり、「二度とキャンプなんてするもんか」と荒んでしまう危険性もある。

グの本質には関係がないので、軽くて小さいほど好ましい。また、登山のように過酷な環境でキャンプする可能性が低いので、安全マージンを切り詰めた、思い切ったセレクトもしやすい。

とは言え、走りを追求するあまり、キャンプ道具を割り切りすぎると野宿になってしまう。思う存分に走り、疲れたら眠る、というのはキャンプツーリングの原点だが、ある一線を越えるとホームレスに近づいてしまう。

我々は貴重な休日に趣味を楽しんでいる、大人のサイクリストである。しかるべきキャンプ場を利用して、選び抜いた道具を使いこなしながら、文化的な一夜を過ごさなければならない。

走ることとの快適さと衣食住の快適さ、その兼ね合いを見つける遊びが、キャンプツーリングだともいえるだろう。

本章では、これからキャンプツーリングを始める人に安心して勧めることができるベーシックな装備とその役割を紹介する。まずはここから始め、経験を積んでほしい。より突っ込んだ軽量化や思い切ったキャンプの例は、次章で取り上げる。

テントを選ぶ三つのポイント

キャンプにはさまざま道具が必要になるが、やはりテントがその象徴だろう。快適な居住性と軽さ・小ささのバランスに優れた製品を選ばなくてはならない。テントはかなり長く使える道具なので、多少高価でもよい物を選びたい。

持ち運べる一夜の家が、テントである。風雨を防いでくれ、中は暖かく、寛げるプライベート空間だ。条件がよいテント泊は実に快適で、ピラミッドパワーって本当にあるんじゃないかと思うほどだ。

テントは、登山やトレッキング用の軽量で収納時はかさばらないタイプが欠かせない。ホームセンターなどでは驚くほど安価なテントを見かけるが、自転車に積むには重くて大きすぎる。

登山用のテントは、使う季節やフィールドに合わせてさまざまなタイプが存在する。3シーズン用、ダブルウォール、自立型という、三つの特徴・仕様を満たしたテントを選べば間違いない。

3シーズン用とは、冬以外に使うテントを指す。冬用のテントは、厳しい環境に耐える堅牢な造りなので、ツーリングには性能が過剰であり、重くてデカくなってしまう。

ダブルウォールとは、本体とは別に防水・防風性を高めるフライシートがセットされているテントを指す。隙間を持たせた二重構造にすることで、風雨への備えと、結露や蒸れの解消を両立しているのだ。

ゴアテックスなど、防水かつ透湿性のある機能素材

2本のポールを本体に通すだけでドーム状に広がり、自立するテントが望ましい。あっという間に展開でき、好みの場所に設置できる。

自転車やオートバイツーリストの定番、モンベルのムーンライトテント1型。重量は2kgを超えるが、手頃な価格と高い居住性が人気で愛用者が多い。

テントは高価なので、複数を所有するのが難しい。仲間と一緒にキャンプした際などは、それぞれのテントを比べるよい機会だ。寝るわけにはいかないが……。

を使うことで、フライシートを省いたテントもあるが、高価な割にそれほど軽くならない。軽さとコンパクトさを突き詰めたいなら他に選択肢があるので（156ページ参照）、価格と性能の両面で、ダブルウォールがいいだろう。

自立型とは、ガイライン（張り綱）やペグ（杭）を使わなくても、ポールを差し込むだけで形態を保てるタイプのテントを指す。だから設営場所を選ばない。

たとえば雨の日。ダブルウォールとはいえ雨に当たらないほうが安心なので、たとえば炊事棟や東屋など、屋根の下にテントを張ってしまう時に（キャンプ場の管理人が許可してくれたら）、自立型のありがたみを実感する。また、設営場所がウッドデッキになっているキャンプ場もあり、そうなると自立型でないと利用が難しい。

自立型は設営も簡単で時間がかからない。軽さを突き詰めた尖ったモデル以外は、だいたい自立型だ。とはいえ、通常はガイラインやペグも併用して安定性を高める。

テントには、使用人数の設定もある。これは、最小である一人用を選ぶのが基本。たとえ仲間とツーリン

フライシートがあることで、土間のように使える前室も確保できる。シューズを夜露から守ったり、テントに入ったまま調理ができるので（くれぐれも火器の取り扱いには注意して）なにかと重宝するスペースだ。

グに出かける場合も、すべての装備は一人ずつ完備しよう。

一人でしか使わなくても、二人用のほうが広くて過ごしやすい、という意見もある。それはそうだ。しかし、余剰スペースのために重量と収納スペースを増やすのはもったいない。

もちろん、常に愛する人と一緒にいたいとか、何か出会いを期待するなら、２人用のテントをどうぞ。海外から日本を訪れるツーリストは、なぜかカップルが多い気がする。うらやましいと思いつつ、ケンカしたらひとつのテントでどうするんだろう……と余計な心配をしてしまう。

筆者が愛用しているテントは、アライテントのトレックライズ０。実測重量は１３００gで、たたんだポールの長さは40㎝。４サイド時代から長く使っているが、バイクパッキングに移行した後も、アピデュラのフレームパック（スモール）にポールがギリギリ収まるので助かっている。一人用でも十分な居住性があり、雨に降り籠められて終日過ごすことにも耐えられる。税抜価格は３万８５００円。決して安くはないが、海外ブランドで同性能クラスのテントは倍近く高価だ。

個人的にはトレックライズ0に満足しきっており、4サイドバッグ時代から変わらず使い続けている。もっとも、最近はツェルトをテントとして使うことが多いので、少々出番が減ってしまった。

購入して10年近く経つトレックライズ0だが、今も満足している。耐久性や価格を含めた総合性能で、これを凌駕しているテントはなかなか見当たらない。自信をもってお勧めできる万能テントだ。

撤収する際は、いち早くフライシートを外して乾かそう。濡れたままのテントはカビの発生などが心配だし、重くなったテントを抱えて走るのは無駄な労力。雨天が続く場合は仕方ないが……。

このような複数人用の大型テントやタープは、自転車に積載して利用するのは事実上ムリ。仲間や家族とキャンプする場合でも、各自がソロ用のテントを使うのがベストだし、自由で快適でもある。

寝袋はいちばん大切で いちばんかさばる

保温力が高い寝袋は、ダウンの量が多いので（空気をたくさん保持できる）当然ながらかさばる。コンパクトで軽い寝袋は保温力が限られる。気温に応じて使い分けるのがセオリーだ。

快適な睡眠の要が寝袋（シュラフ）である。テントが少々ショボくても実用上は問題ないが、寝袋が役不足だと、キャンプは修行の場になってしまう。この寝袋は思ったより寒いな……と気付くのは、だいたい深夜。もう手の打ちようがなく、いっそトイレか無人駅で……なんてことになりかねない。

寝袋には、保温力に応じた対応温度がある。保温力が高い寝袋は安心だが、かさばるし高価だ。気温1℃に対応するクラスの寝袋だと、テントや着替えを超えて、いちばんかさばる荷物になる。気温8℃程度に対応する寝袋で上質な物を選べば、最小クラスの輪行袋と同じくらいのボリュームで済む。だから、キャンプする予定地の気候や天候に応じた選択が欠かせない。

一泊であれば、最適な寝袋を選びやすい。気象庁や各種の予報サイトでは過去の気温も分かるので、ツーリングの計画を立てる段階で、ふさわしい寝袋を用意できる。しかし、自転車の機動力は高い。一日走れば位置や標高が大きく変わるのが当たり前だから、朝の気温が前日と10℃以上変わることもある。予定しないコースをアドリブで走ることも多い。だから、日程が長くなるほど最低気温が読みづらい。

寝袋は着替え以上に濡らしてはいけない装備。使用後もなるべく乾燥させたい。自宅では収納袋から出し、ハンガーなどにかけて保管するとへたりにくい。

着込めば寝袋の保温力を補うこともできる。しかし、それ前提で寝袋を選ぶのは少々怖いし、厚着していると眠りが浅くなる気がする。

そのため、対応温度が低く暖かい寝袋が望ましいが、積載容量が限られるバイクパッキングでは、その無難な判断がなかなかできなかったりする。

何らかのシェルターに入って、用意した着替えやレインウェアの上下を着込めば、寝袋の対応温度より5℃くらい低くても耐えられるケースが多かったが、ヌクヌク快眠できないと翌日が台無しになってしまう。また、寝袋は薄着で入るほどリラックスできる。

寝袋の中身は、ダウンと化繊がある。同じ対応温度なら、ダウンのほうがだいたい重量と収納スペースが半分、価格は倍だ。化繊のほうが濡れてもロフト（空気のかさ。保温力の要）が減らないというメリットもあると言われるが、ここは高価でもダウンを選ぶべき。化繊に比べて1万円以上高価になったとしても、他に1万円の投資で大幅に重量とスペースを減らすことができる装備は少ない。

寝袋が濡れるのを防いだり、保温力を高めるカバーもある。有用だと思うが、筆者は使ってない。ダブルウォールのテントなら浸水や結露の心配は少ないし、保温力を上げたいなら、相応の寝袋をあらためて用意したほうが、重量や収納スペース面で有利だろう。

スリーピングマットは
収納サイズで選ぶ

リッジレストなどのフォームマットはバッグに収まらないので、むき出しで搭載せざるを得ない。すると、いかにも「日本一周してます感」が出てしまい、今はちょっと恥ずかしい。過去の自分、荷物多すぎ……。

安眠のために欠かせないのは、寝袋だけではない。地面の凹凸を和らげ、断熱効果を発揮するスリーピングマットも必須だ。これがないと、どんなに素晴らしい寝袋を使っても寝心地が悪く、せっかくの保温力が地面に吸い取られて寒い思いをする。

スリーピングマットは、構造とサイズで選ぶ。昔も今も頻繁に見かけるのが、ホームセンターのレジャー用品売り場などでゴロゴロしているアルミ蒸着ロールマット、いわゆる銀マットだ。

安い、軽い、保温力もそこそこ。壊れようがない。しかし、銀マットや「リッジレスト」に代表される発泡素材のマット（フォームマット）は、巻いても畳んでも絶望的にデカく、バッグに収めるのが難しい。

4サイドでもそうだが、特にバイクパッキングでは、バッグの外に装備をむき出しで縛り付けたり、吊るすのは避けたい。ひっかけたり、落とすかもしれないと気を使うのはストレスになるし、せっかくのスマートさも薄れてしまう。

バッグに収めるためには、収納スペースがかさばらない膨張式のマット（エアマット）を選ぼう。浮き輪のように、空気を吹き込んで使うタイプだ。寝心地は

モンベルのスポンジ入りエアマット。長さは150cm。空気を抜いて丸めると、アピデュラのハンドルバーパックにちょうど収まるサイズになる。

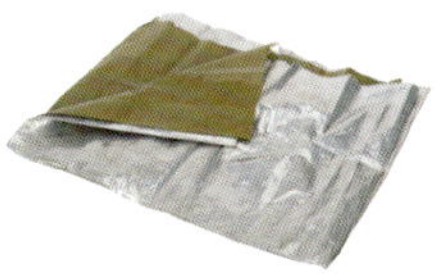

SOL（アドベンチャーメディカルキット社）のヘビーデューティエマージェンシーブランケット。これをテントの床に合わせた大きさに切って、グラウンドシートとして使っている。通常のエマージェンシーシートより倍以上厚いので、地面の凹凸による損傷からスリーピングマットを守ってくれる。

フォームマットに少々劣るが、断熱効果は申し分ない。たためば輪行袋より小さくなる製品もある。

内部にスポンジが入っていて、半ば自動的に膨張するタイプもある。ややかさ張るが、こちらはフォームマットと同じくらい寝心地もいい。

膨張式マットは、穴が空くと使えないという欠点も抱えている。しかし、たいていの製品にはリペアキットが付属している。パンク修理に慣れたサイクリストなら、使いこなすことができるだろう。

スリーピングマットの長さは、季節と身長に応じて選びたい。身長171cmの筆者は、冬場は長さ150cmのマットを使う。この長さがあれば足先まで乗る（頭の下は着替えなどを枕にする）。

温かい季節は、90～120cmのマットを選び、コンパクトさを優先している。マットからはみ出す足の下には、諸々の用品やゴミ袋を放り込んだポケッタブルリュックを敷くと、断熱効果を稼げる。

ちなみに、最良の断熱・保温材は空気なので、たとえば輪行袋などをそのまま敷くよりも、適当に広げてリュックなどに放り込んで敷くほうが効果的だ。

膨張式のマットは、グラウンドシートと必ずセットで使う。地面はもちろん、テントの床面に直接敷いたりすると、穴が空く可能性が高まってしまう。

グラウンドシートは、厚手のエマージェンシーシートが最適だ。アルミ箔の反射で保温効果もあるし、ランタンの光を拡散するのでテント内が明るくなる。

テントの底を保護するため、テントの下にグラウンドシートを敷く人も多いが、筆者はテントの中だけに敷いている。このほうが浸水防止、保温、照明効果に優れている。

ガスバーナーで食を彩る

キャンプのお楽しみが宴の時間。ガスバーナーがあれば、温かいツマミを手早く、そして思う存分いただくことができる。料理の心得次第で、家庭と同じように多様な調理が楽しめる。

軽量化とコンパクトさを突き詰めるなら、キャンプツーリングに調理器具は要らない。しかし、キャンプで過ごす時間があまりにも侘しくなってしまう。周りの人が温かい物を食べているのに、自分だけパンをかじっているようなシーンは相当切ない。

一方、現地で大掛かりな器具をレンタルして炭を買い、本格的なバーベキューをぶちあげる、というのも違和感がある。あくまで自分が携行した装備で一夜を過ごすのがキャンプツーリングの理想であり、醍醐味だと思う。

もっともシンプルなのは、枯れ木を集めてたき火を起こし、空き缶でも吊るして煮炊きするという、ロビンソン・クルーソーのようなキャンプだ。ちょっと憧れるし、燃料も道具も要らない究極のULだが、時間と労力がかかりすぎる。

日中の大部分を自転車の上で過ごし、キャンプ場に着いたら日没までに調理を終えるのがキャンプツーリングの理想だ。そのためには、手軽に扱える調理器具が欠かせない。

調理器具とは、火力を発揮するバーナー（燃焼器）と燃料、クッカーと呼ばれる鍋や皿、スプーンなどの

吸熱フィンを下部に備えた専用クッカーとの組み合わせで、わずかな時間・燃料で湯沸かしができるジェットボイル。とても便利だが、焼く・煮るなどは苦手。コーヒーやカップ麺にお湯を注いだり、レトルト食品の湯煎などに用途が限られがちなのが難点か。

ゴトクをたためば手の平にすっぽり収まる小さなガスバーナーが各社から発売されている。火力の強さや扱いやすさは申し分ない。ガスカートリッジの入手先が限られることを除けば、ツーリングでもっとも使いやすい調理器具だ。

カトラリーの総称だ。いずれも、近年のＵＬ化によって驚くほど軽量でコンパクトな製品が増えている。

もっとも扱いやすい火力は、専用のガスカートリッジを用いるシングルバーナーである。燃焼器が軽くて小さく、それでいて十分な火力を発揮でき、とろ火から全力燃焼まで調節も簡単だ。

プリムスのＰ－１５３のような超小型バーナーとガス１００ｇ入りの小型カートリッジ、それを収納できる胴長クッカーの組み合わせが万人向けで、活用範囲が広い。風で火力を無駄にしないため、なんらかの風防も用意したい。

湯沸かしの時間が短い「ジェットボイル」も人気が高いようだ。しかし、前述のセットに比べてかさばるし、湯沸かし以外の焼く・煮るが苦手なので、キャンプ装備としては融通がきかない。一方、日帰りのロングライドで、昼食に手早くカップ麺などを食べたい時は重宝している。特に冬は助かる。


ガスバーナーは、そのガスカートリッジの容積と重さがネックなのだが、クッカーに収めれば、少なくとも容積は消し去ることができる。現地調達がやや難しいので、日数に合わせて１００ｇの小型カートリッジ

ガソリンストーブの名機、オプティマス・スベア123R。点火するには、燃料タンク内のガソリンを気化させる予熱が必要だが、その手間が意外と楽しく、ゴーゴーという燃焼音と共に男の本能をくすぐるような魅力を備えている。あまり推奨されていないが、クルマ用のガソリンも利用できるので、自転車なのにスタンドでガソリンを買うという楽しみ（？）もある。しかし、バッグの容量が限られるバイクパッキングではなかなか出番がない。たまには使いたいと思うが、その大きさと重さが思いとどまらせてしまう。

を複数持つのがおすすめだ。２５０g以上の中型〜大型カートリッジは、数日のキャンプでは使い切れないことが多く、残量も分かりづらい。中途で捨てづらいから無駄なスペースと重さをバッグの中で取り続ける。

ガスの使用量を見極めるためには、夕食や朝食で予定するメニューを自宅で事前に作ってみて、どのくらいガスが減ったかキッチンスケールで計っておこう。

お米を生から炊くと20分ほど時間がかかるので、特に燃料を消費する。水加減の習得も兼ねて、一度ガスバーナーで炊いてみるといいだろう。

気温や風の影響で、屋外では火力が落ちてガス消費量が増えがちなので、余裕を見ておく必要はあるが、なるべく必要にして最低限のガスカートリッジを携行したいところだ。

なお、ガスバーナーには点火装置が付いてるものが多いが、使いづらく壊れやすい。これは外して軽量化し、代わりにライターを常備しよう。炎が強く安定する内燃式（いわゆるターボライター）の電子着火タイプが便利だが、壊れにくいフリント式（発火石をコリッとこするタイプ）も捨て難い。また、喫煙者でなくても、ライターはポケットに入れておくのがいい。内部の液化ガスが温まるので着火しやすくなる。

バーナーには、他にもガソリンやアルコールを使うタイプもある。固形燃料なら、バーナーそのものが不要だ（燃焼台とクッカーを支えるゴトクは必要）。

ガソリンバーナーは、燃料が安くて調達しやすいのが魅力だ（ガソリンスタンドで買えるレギュラーガソリンが使えるタイプなら）。火力もそれなりに強い。燃焼時は少しうるさいが、それが頼もしくもある。

以前は、長期のツーリングでガソリンバーナーを愛用していた。スウェーデン製のオプティマス・スベアは、かの名著『遊歩大全』（山と渓谷社）を記したコリン・フレッチャーが絶賛していた名機であり、憧れてずいぶん使った。一方、コールマンなどのポンピングするタイプ（内圧を高めてガソリンを気化させるので、点火しやすい）は、その機構が傷みやすいので、避けるようになった。

4サイドスタイルはバッグ容量に余裕があるので、ガソリンとガスバーナーの両方を携行し、ガソリンで米を炊き、同時にガスバーナーでカレーを作るといった、今では信じられないほどの贅沢もしていた。

しかし、ガソリンバーナー全般は重くてかさばる。ガソリンを入れる容器も同様。扱いに慣れが必要なこともあり、少なくともバイクパッキング向きではないだろう。敢えて使うのも粋だとは思うけれど。

アルコールバーナーや固形燃料を選ぶと、やや不便だが軽量化の可能性を追求できる。これらは次章で取り上げる。

4サイドバッグだと容量に余裕があるので、ガソリンとガスバーナーの両方を携行することも余裕だった。米と具材を同時に調理し、二、三人前のカレーを用意することもできたが……。

ごくシンプルな調理器具で、シンプルな食事を味わうのも悪くないと思う今日この頃。もともとグルメ志向ではないので、お腹さえいっぱいになれば文句ないし、調理より走りの可能性を追求するほうがバイクパッキングらしいと思える。

クッカーは
割り切って選ぶ

ガスバーナーを利用するなら、その本体とガスカートリッジを収納できる胴長型のクッカーがベスト。ソロ用クッカーの多くがこのカタチだ。

クッカーは、形状とサイズ、材質で選ぶ。ガスバーナーを使うなら、そのガスカートリッジも収まる胴長型のクッカーで決まりだ。

ソロ用クッカーは、メインの鍋と浅めの鍋（カップ）がセットになっている製品が多い。このふたつさえあれば、大きいほうで麺を茹で、小さなほうに取り分けていただくなど、かなり文化的な食事ができる。

さらにフライパンが加わったクッカーもあるが、あまり便利さを追求するとキリがない。鍋で焼き物ができないわけじゃないから、フライパンは置いていくことが多い。

形状は、角形のほうがどんなバッグにも収めやすいので好みだが、ガスカートリッジを入れづらい。円形でも深さが浅いクッカーはバッグの隙間に押し込みやすいが、これもガスカートリッジが収まらない。

クッカーの素材はアルミが無難である。値段も手頃だ。高価なチタン製クッカーはより軽量だが、焦げ付きやすく、気を使う。口を付けると熱いので、食器としてもやや使いにくい。ステンレス製は一番安価だが、さすがに重い。

使用後のクッカーは洗いたいが、スポンジや洗剤を

ビニール製水筒の定番、プラティパス。水場が遠いキャンプ場などでは重宝する。たためば薄くなるので、バッグの隙間に突っ込んでおくと便利。

角形クッカーの代名詞、メスティン（飯ごう）。その寸法とフタの適度な気密性によって、1合のお米を美味しく炊くことができる。

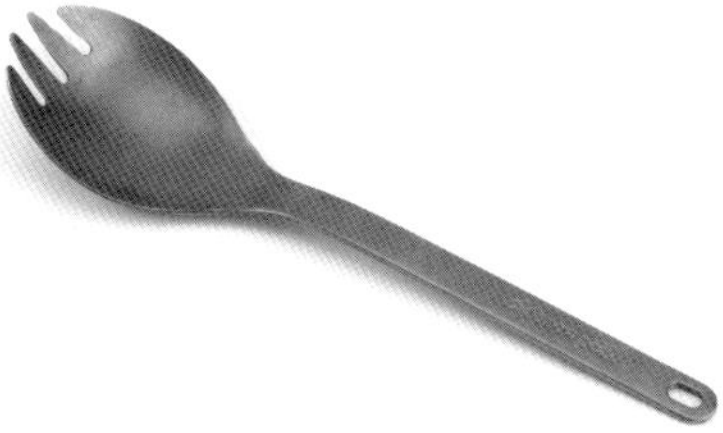

チタン製のスポーク。これひとつで食事ができる万能カトラリーだが、実際はコンビニなどでもらった割り箸がいちばん活躍する。

携行するのは面倒だ。それらがキャンプ場に残置されていれば借用するし、そうでなければすすいだり、アルコールティッシュで拭いて誤魔化し、帰宅後に洗い直すようにしている。

クッカーにガスカートリッジやバーナーを収納する際は、隙間にスティックタイプのインスタントコーヒーや、小さなプラボトルに入れたサラダ油などを詰めておくと、走行中にガタガタしない。そしてフタが外れないよう、ベルクロストラップでしっかり縛っておく。クッカーに付属する収納袋はゆるいものが多いので、ストッキングで代用している仲間もいる。色は黒がおすすめだとか……。

カトラリーは、スプーン、フォーク、箸という選択肢がある。すべてを持つ必要はなく、スプーンの先に切り込みが入った「スポーク」ひとつでも十分だ。割り箸は便利だが、食材を買った時にもらえることが多いので、わざわざ持参しなくても何とかなる。

持ち手がたためたり、分割式でコンパクトに収納できるスポークもあるが、どうも使い勝手が落ち着かないというか、不安があるので、筆者はシンプルなチタン製スポークを使っている。

食材の調達と調理

キャンプ場でいただく食材は、さすがにコンビニではなくスーパーなどで選びたい。地方ほどAコープが心強く、地産地消に力を入れているので選ぶ楽しみがある。一方、イーザ、どんたく、ダイマル、サンエー、ラルスマート……などなど、地域ごとのチェーン店も興味深い。もちろん、街から離れているキャンプ場を選んだ場合は、事前に食材を用意し、持参する必要がある。その場合、お米や根菜、缶詰など、日中持ち運んでも傷みにくい食材を選ぶ。

キャンプツーリングにおける食生活は、登山やハイキングと大きく異なるところだ。

最大の特徴は、極力、食材を持たないということ。重くてかさばる食材を持たないからこそ、バイクパッキングらしい軽さが発揮され、ロングライドができると言っても過言ではない。そして、訪れた土地ならではの食材に巡り会うことができる。

もちろん、走るコースに応じて必要と思われる日中の補給食は、トップチューブバッグやポケットに入れて走る。

そして、キャンプインの前後に、近隣のスーパーなどで夜と朝の食材を調達する。それを食べきって、翌日は食材を持たずに走る。これが筆者の基本だ。人里離れた高原のキャンプ場などを利用するなら、事前に食材を用意しなければならないが……。

買った食材は、キャンプ場まで運ばなければならない。レジ袋をハンドルに下げて……なんて危ないことをしてはいけない。

こうした買い出しで大活躍するのが、手の平サイズ以下に小さくなるポケッタブルリュック。広げれば10ℓ以上の容量が確保できる。もっとシンプルなサコッ

左巻き？ モハメ？ 見たことも聞いたこともない魚が並んでいた鹿児島のスーパー。キャンプツーリング中に訪れる店はほとんどが初見だから、ちょっとしたアトラクションのような発見に満ちている。

広げると10ℓ以上の容量があるリュックになる。こうした買い出しのために、基本装備は自転車側に収めて、背中を空けているようなものだ。

買い出しに欠かせないポケッタブルリュック。キャンプツーリングでは必ずバッグの隅に忍ばせている。収納時はこんなに小さいが……。

シュでもいいのだが、筆者はビールをたくさん必要とするので（汗）、収納力に優れて重い荷物も安定するリュックを選んでいる。

リュックを背負うのが前提の装備スタイルだと、一時的に荷物が増える買い出しに対応しづらい。だから、基本装備はあくまでも自転車側のバッグに収め、背中は空けておこう。

ちなみに、スーパーとキャンプ場が離れている場合、ビールで重くなったリュックを背負って走るのはシンドイし、体温でぬるくなるのが気になる。そこで、サドルバッグとリュックの中身を入れ替えたりもする。4サイド時代は、ビールがぬるくならないように保冷バッグまで用意していたが、さすがにバイクパッキングでは割愛した。

キャンプ場でどんなメニューをいただくかは、お好み次第。登山のように、事前に用意したフリーズドライ食品中心のメニューより、充実させやすいのは言うまでもない。

しかし、筆者は恥ずかしながら料理の知識が皆無に等しい。こんなのもアリ、くらいに思ってほしい。

バイクパッキングでは調味料のたぐいをサラダ油く

「今日はがんばって走ったし、キャンプだから」と自分に自分で言い訳をして、普段は恐れ多くて手が出ないような高級和牛も買ったりする。

朝食は袋麺（カップ麺よりゴミが少ない）でスピーディーに済ますのが定番。少し残しておいたツマミを投入すると、見違えるほど立派な（？）朝食に。

一度飲んでしまうと自転車で買い出しに出れないので（当たり前）、適切な酒量とツマミを一発で買い出す必要がある。けっこう大切。

らいしか持たない。夕食はもっぱら焼肉だ。

鹿児島牛、広島牛、能登牛、熊野牛、越後牛……日本はご当地牛の宝庫で、ほとんどの地域に銘柄牛がある。こうした上質な肉は、どんなにショボい器具で焼いてもうまいし、技術も問われない。

焼肉のタレは、小袋で売っているものを選ぶ。薄切りの肉は焦げやすいので、すき焼きのタレを沸かしてなんちゃってシャブシャブ風にしていただくのも乙だったりする。

調理が要らない練り物や缶詰も定番。缶詰はつまみの定番だが、タイカレーなどもうまい。海産物も魅力だが、ナイフさばきの心得や調理技術がないと、味を引き出せない。ホタテなどは醤油を垂らして焼くだけでうまいので、スーパーにあれば買うこともある。

要は、ビールのツマミが夕食なので、飲まない人には申し訳ないくらい、適当な夕食である。なお、調理や食事はテントの外で行うのが基本。テントの外にグラウンドシートを敷き、そこに座る。目の前に無限大の空間が広がり、テントにこもるより快適だ。

朝、目が覚めたら、湯を沸かしてインスタントコーヒーを飲み、しかる後に袋麺をいただく。夕食の焼肉

お米の炊き方

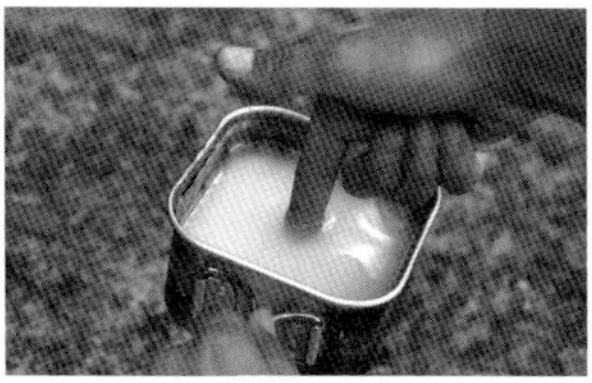

❶お米一合に対して200㎖ほどの水が適当……らしい。自分の目安としては、第一関節まで指が沈むくらい、お米の上に水を張っている。そして30分ほど放置。

❷火にかけて15〜20分もすると、湯気から水気が少なくなり、炊けた頃合いとなる。念のため、フタを空けて確認し、水っぽいようなら再び火にかける。

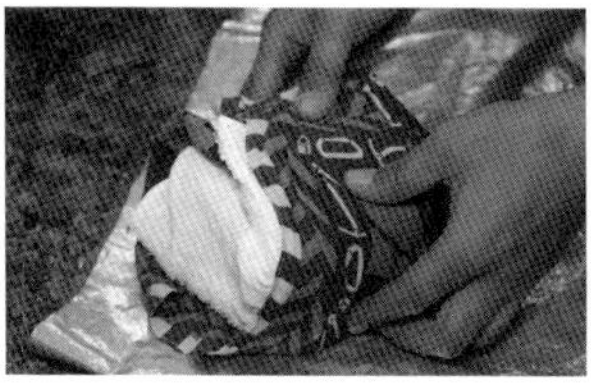

❸火を止めたら、タオルなどでくるんでひっくり返し、蒸らす。10分ほど放置しておくと、ふっくら仕上がる。浸水と蒸らしさえ省かなければ、それなりに炊けるはずだ。

❹たっぷりタレをかけた焼肉などを乗せると、かなり美味い。もしお米が残ったら、明朝の袋麺に投入するのも素晴らしい。

などを少し残しておくと、かなりパワーアップできる。たったこれだけで、これから走り出すモチベーションと数時間分のカロリーが充填できる。スタート時間を早めたいときは、朝食を割愛して、走り出してからコンビニなどで済ませることも多い。

パスタも手軽でいいのだが、一人だと食べ切れない量で売っているので手を出しづらい。仲間がいる時は、朝食用に買うこともある。バキッと折れば、小さいクッカーにも入る。これは袋麺も同様だ。

一泊二日のショートキャンプなら、自宅から一合か二合のお米を持って出て、炊くこともある。ソロクッカーでも、浸水と蒸らしさえ時間をかければ、まず失敗しない。30分は浸水しておきたいが、よくひっくり返すので（汗）、ベルトでフタを固定しておくと被害を抑えられる。

お米は腹もちがいいので元気が湧くが、出先でお米を買うとなると、最低でも2kgになってしまうのが悩ましい。一食分を買えるアルファ米やレトルト米でもいいのだが、筆者は食指が動かない。だから、一ヶ月に及ぶツーリングでも、夕食に白いご飯を食べることは一度もなかったりする（汗）。

着替えの選び方と使い分け

上下のサイクルウェアとキャンプ場で着るウェア（登山用の薄いインナー）、ショートパンツなどを用意。これらをうまく着回せば、さほど見苦しくない格好で旅を続けることができる。

もっとも厄介な荷物となるのが、着替えだ。寒い時期の寝袋を除けば、いちばんかさ張り、重量もある。だから、着替えの有無や内容、使いこなしには頭を悩ましてきた。

なにも持たない、というストロングスタイルは止めたほうがいい。

サイクリングは、基本的に文化及ぶところを走るカジュアルな遊びである。つまり人目があるので、それにふさわしい装いでいたい。また、ウェアが清潔でないと、股間やお尻周りのトラブルも誘発する。

一泊からかなり長期のキャンプツーリングまで、応用できる着替えは下記のとおり。

・サイクルウェアをワンセット
・キャンプ場で着るウェア上下
・ショートパンツ

これだけである。寒さが心配なシーズンは、厚手のソックスを追加して、キャンプ場で着用する。着ているウェアを含めれば、サイクルウェアが2セット。グローブやアームカバーとレッグカバーは使い回す。ショートパンツをレーサーパンツの上にはけば、輪行やお店に入るときも違和感がない（と思う）。寒いときはお腹が冷えずにすむから、着たまま走ることも多い。
なお、レインウェアは別に携行する。

サイクルウェアが2セットあれば、とりあえず翌日はキレイだ。そして、キャンプ用のウェアを着ている間にコインランドリーを利用すれば、2セットとグローブなどを一気に洗うことができる。

宿に泊まった時は、浴衣やガウンを着ている間に2セット＋キャンプ用のウェアも洗う。荒技としては、レインウェアを肌の上に着て、他のすべてをコインランドリーに放り込むこともある。

これらの繰り返しで、経験上少なくとも一ヶ月は「フツーのサイクリングしてます」といった、さりげない清潔さが保てる。着て、洗う頻度が激しいのでウェアはそれなりに傷むが、仕方ない。

近年、コインランドリーが非常に多くなっており、とても助かる。人口1万人以上の街にはだいたいある。しかし、地方ほど布団など大物用の洗濯・乾燥機ばかりで、少々料金は高い。

ちなみに、キャンプ場で手洗いしていいのは、薄いインナーウェアとアーム・レッグカバーのみ。他は翌朝までに乾く保証がないので（特にパンツのパッド）、濡らさないほうがいい。日中、バッグのドローコードにひっかけて乾かすなんていう、みっともない真似は避けたい。

冬は替えのサイクルウェアを携行するのが難しい。寝袋やマットもかさ張る物が必要で、さらにキャンプ用にダウンジャケットも用意するから、もうバッグはパンパンなのだ。

妥協して、同じサイクルウェアを着て、寝て、翌日も着たきり雀だ。冬季に複数泊のキャンプツーリングを実践することは少なく、発汗も少ないので本人はそれほど気にならないが……。

大型コインランドリーを利用すると、一回の洗濯・乾燥で1000円近くかかるが、致し方ない。

まれに道の駅やキャンプ場にもコインランドリーがあったりする。

キャンプに欠かせない小物たち

宵闇に浮かび上がる一夜の宿。LEDランタンがあると、なにかと便利だし落ち着く。ツーリングは冒険でもサバイバルでもないので、なるべく便利な小道具を用意したいが、軽さとの兼ね合いが悩ましい。

ここまでに触れたキャンプ道具やサイクリングの基本装備以外で、他に必要な物は何があるだろうか。

歯磨き用品とひげ剃りは、一泊二日のショートキャンプでも用意している。現地で買ってもいいが、さほどかさばらず軽いので、自宅から持って出る。山屋さんを見習って、歯ブラシの柄は短く切っている。

意外とかさ張って重いのが、モバイルバッテリーや充電器だ。もはやスマホやハンディGPSが欠かせないので、致し方ない。なるべく小さな物を選び、浸水と振動による破損を防ぐため、チャック付のポリ袋に入れておく。

テント泊が続くと充電手段が限られるので、ソーラーパネルを持参することもある。最新の製品はかなり充電効率が高く、スカッとした晴天下なら、容量30000mAhくらいのモバイルバッテリーが3、4時間で充たされる。いざとなれば電力を自前で調達できるというのは頼もしいので、けっこうかさ張るが長期ツーリングでは持つことが多い。

なんらかの照明器具もほしい。日暮れまでに調理や晩酌が終わらなかったり、寝袋にいったん入ってから暗い中トイレに行く、なんてことも多い。

日帰りでも数泊のキャンプツーリングでも、自転車関連の工具や用品はこれくらいしか持っていかない。予備チューブ2本、最低限の携帯工具、チェーンオイル、タイヤレバー、そしてビス類やパッチ、交換用のディレイラーハンガーくらい。使用頻度が高く、ツールボトルに入る物だけに絞っている。万一、これで手に負えないトラブルが生じたら、輪行で帰宅するか、どこかで買えばいいと割り切っている。その代わり、事前のメンテナンスには気を使っているつもり。

頭に巻く小さなＬＥＤヘッドライトが定番だが、筆者はＬＥＤランタンを愛用している。ヘッドライトは視線の先を照らすことができて合理的だが、任意の場所に置いて周りを照らしてくれるランタンのほうが、なんとはなしに落ち着く。自転車のライトで兼用するかとも思うが（ランタン風に照明を拡散するカバーもある）、安全装備の電源を他の用途で使うのが不安なので、見送っている。

ビクトリノックスなどのマルチツールも何かと便利だ。どうせナイフしか使わないからと小さなカッターで代用したこともあった。軽量化と省スペースには貢献するが、すぐに錆びるし、カッターで肉を切ったりするのも何となく心苦しいので、ビクトリノックスに復活してもらった。刃渡りの長短が揃っていて用途に応じて選びやすいオピネルのフォールディングナイフも定番だが（フランスのブランドらしく、何となく洒落てるし）、１００円ショップなどで手に入る小さな果物ナイフひとつでもよさそうだ。

なんとなく役立ちそうなので持っているのが瞬間接着剤。ほとんど出番はないが、アイウェアのツルが折れた時と、差し歯が外れた時に使った。どちらもとり

意外とヒットなのが、充電用のソーラーパネル。二十年前から同様の製品があり、当時はまるで使えない性能だったが、近年の製品は充電効率が高まっており、侮れない実用性がある。これでモバイルバッテリーを充電しておき、必要に応じてスマートフォンなどに給電する。

ソーラーパネルがあるから、スマートフォンを無駄遣いしても安心……というわけでもないのだが、ついついキャンプ場でもSNSやメールをチェックしたり、アニメを観たりしてしまう。せっかくのキャンプなのに、自宅と同じような時間を過ごしてしまうこともしばしば……。

あえずの応急処置だが、そのツーリング中は用を足してくれた。

ファーストエイドキットや医薬品の類いは、かなり割り切っている。バンドエイドを数枚と、虫除け、かゆみ・虫刺され薬くらいだ（股間に塗るクリームや日焼け止め、アミノ酸系サプリなど、サイクリングの基本的なアイテムは別に用意）。

ロキソニンや鎮痛消炎剤を携行していたこともあるが、それらを必要とするのは無茶な走りの結果であり、痛みを薬品で抑えてまで走る必要はないと気付いた。だから持たなくなった。

怪我や病気は確かに心配だ。持病があるなら、必要な薬を持つ必要がある。しかし、軽い症状なら自力で病院まで走ることができるし、病院まで移動できない怪我や病気に見舞われたら、救急車を呼ぶしかないのが現実だ。ファーストエイドキットがあればどうにかなる問題ではないだろう。

恥ずかしながら、筆者は自転車で転倒して骨折したことが二度ある。痛くて痛くて、たとえ道具を持っていても、自分でテーピングや添え木をするなんてことはとてもじゃないが考えられず、道行く人に救急車を

コンビニのイートインスペースで充電中。充電器は、USBの出力口が複数あり、2Aなど高電流で素早く充電できるタイプが役立つ。これはキャンプツーリングのノウハウというより、ただの日常的な生活のヒントだけれど……。このテの用品も日進月歩なので、たまに家電量販店などを除くと大いに発見があったりする。

切れたシフトワイヤーを交換中。予備のシフトワイヤーなどは携行しないので、その調達は大変だったが、結局何とかなった。数年に一度、出番があるかないかの予備部品や工具類は、これからも持たないだろう。

パンツのパッドや股間に塗る専用クリームは、出先で手に入れづらい。しかし、メンソレータムなどの汎用的な薬品でも十分に代用できる。現地調達の工夫が、持って走る装備を減らしてくれる。

呼んでいただいた……。

こうした事態は、備えるというより、避けるしかない。常に事故や体調管理に気をつけるのが最善……と自戒している。

いろいろ挙げてきたので、キャンプに必要な品目はずいぶん多いな、と思うかも知れないが、出かける前、バッグに装備を詰めていると「これだけでいいんだっけ、何か忘れてないだろうか」と戸惑うほど少なくて、あっさりバッグに入ってしまう。

ここから削ることができる物は少ないと思うので、あとは各人の好みや必要性に応じて足してほしい。カメラなど自転車以外の趣味に関する道具の取捨選択もお好みである。

筆者はミラーレスの一眼レフカメラを持つことが多いが、バッグ内に入れるスペースがほとんどないので、常にたすき掛けしている。なお、雨が降ればレインウェアを着るので、カメラをバッグに入れるスペースが生まれる。

何か道具を足せば足すだけ、キャンプが快適になる可能性は高いが、自転車が鈍重になって、走りの可能性が減っていくことを心に留めておきたい。

あったらいいけど持たないもの

自分の価値観で選んだ道具だけを持つことで、はじめて軽快な走りと快適なキャンプが両立する。どちらかへの偏重は禁物。必要と思った道具は持てばいいし、要らないと思えれば置いていこう。

自分が持っていく物を挙げるのは易しいが、持たない物はちょっと悩む。あればいいかも……と思いつつ、結局は割愛している例を挙げよう。

ちょっと寂しいけれど、『ツーリングマップル』や地形図など、紙の地図を携帯することはあきらめた。

事前にパソコンでコースデータを作成し、ハンディGPSやスマホで確認できるようにしておいても、紙の地図が役立つのは間違いない。しかし、とにかくかさ張って重い上に、マップケースがないバイクパッキングのフロントバッグでは使いづらい。見る度に停止して、取り出しにくいバッグをまさぐるのは苦痛だ。

キャンプ場で使うアイテムで割愛するのは、たとえば折りたたみのイスやテーブル。オートキャンプはもちろん、ハイカーもコンパクトなイスやテーブルを用意することが多いが、贅沢品と思える。グラウンドシートの上に腰を降ろせばいい。

マグカップやシェラカップなど、器にしか使えない物もなるべく持たない。クッカーから直接いただけば問題ない。

サンダルも要らない。キャンプ場を徘徊する趣味があるなら別だが、SPDシューズなら十分に歩きやすいし、離れた場所へ行くなら自転車に乗ればいい。

タープも持たない。クルマやオートバイのキャンパーは、テントとタープを併用して風雨に備えるスタイルが多いが、テントと同じくらいかさ張って、ポールという長物も必要なタープを持つ余裕はない。

タープだけで寝る、という選択については、168ページで触れる。

タオルも持たない。それひとつ持つだけで、他でチマチマ節約したスペースが埋まってしまう。筆者はウェアのバックポケットに入れた一枚のバンダナで、すべての用を足している。入浴もなんとなる。もちろん、入浴施設でタオルを貸し出したり、販売している場合は利用する。シャンプーなども同様。余ったら捨てる。もったいないが、走行中も携行するスペースや消費カロリーのほうがもったいない。

デラックスな大型テントが隣にあると、うらやましい？ 実はソロ用テントと快適さに大差はなく、設営と撤収の手間を考えれば「大変そうだな～」と、軽く上から目線で眺めることができる。向こうがカップルだったりすると、別の意味でうらやましいが……。

トイレットペーパーも持たないが、ポケットティッシュやアルコールを含んだボディペーパーは持っている。トイレは、よほどのことがないかぎりコンビニか道の駅、キャンプ場でお借りするので、トイレットペーパーは不要だろう。万一の緊急時はポケットティッシュでも代用できる。

ちなみに、お尻の仕上げ拭きにボディペーパーを使うと清潔感が得られ、炎症や湿疹などのトラブルが減ると感じている。

バイクパッキングらしい身軽さを実現するためには、どこかで一線を引く覚悟が必要だ。シンプルな調理を楽しみ、食材は持たない、というのが第一歩。そこから少しずつ、一線を引き上げていこう。

なお、同じキャンプ場に何日も滞在して、日中は空身の自転車で周回コースを走る、といったプランの場合は、ここに挙げた便利アイテムを用意するのも悪くないかもしれない。

キャンプ道具のバッグへの収め方

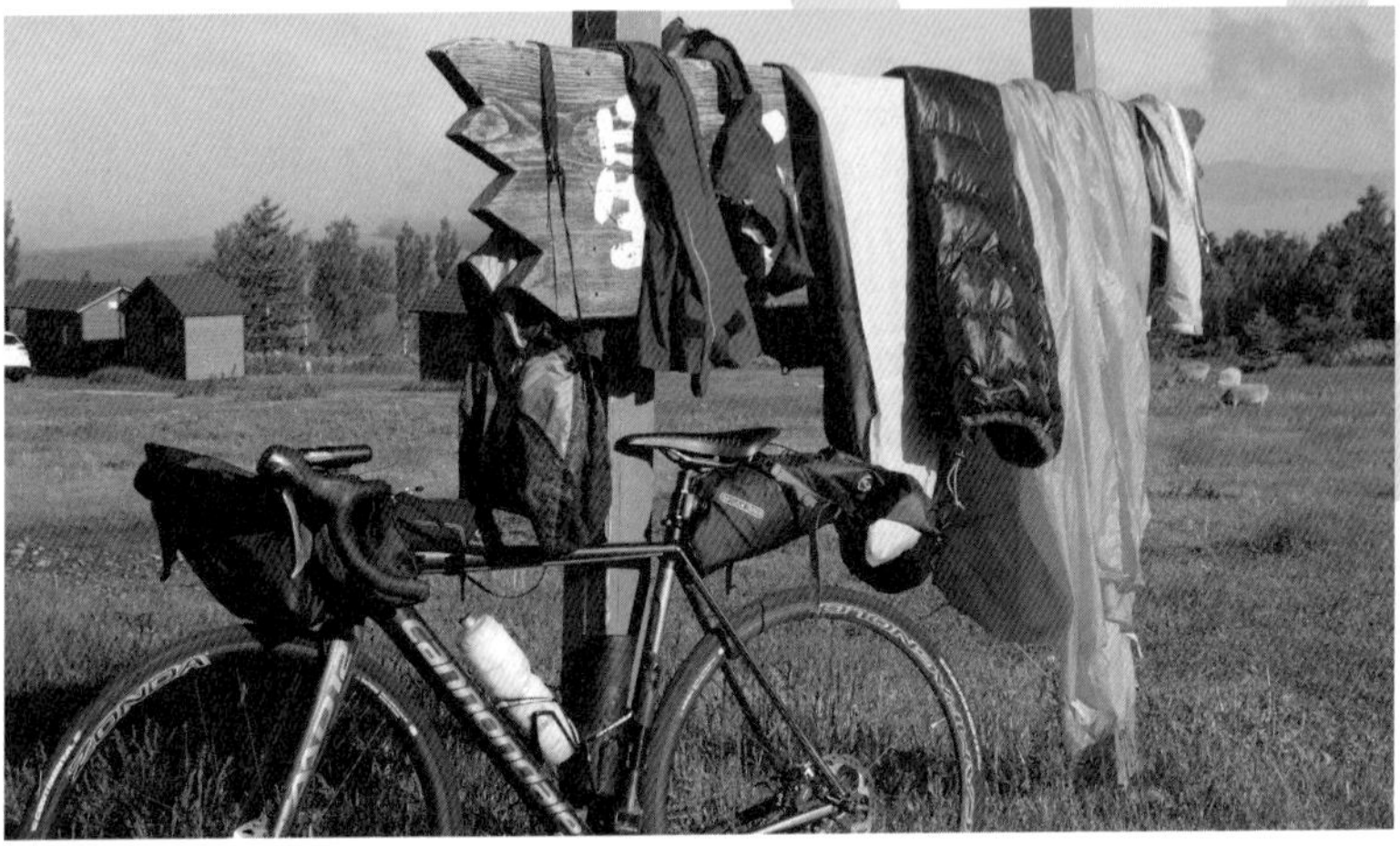

夜露で濡れたり湿気を含んだキャンプ道具は、できるだけ乾かしてからバッグに収める。どれかひとつでも不具合を生じたり、紛失すると旅を続けるのが難しくなる。大切に、丁寧に扱おう。

より選ったギアをバッグに詰めるのは、本当に楽しい。だいたい出かける前夜だから、ドキドキもする。

ウェアのポケット、トップチューブバッグ、ツールボトルの中身は、日帰りや宿に泊まるサイクリングと基本的に同じ。筆者は長いツールボトルを選んで、ナイフとLEDランタン、モバイルバッテリーや予備の電池（ハンディGPS用のエネループ）も突っ込んでいる。これらは小さい割りに重いので、ツールボトルに収まると得した気持ちになる。

バイクパッキング用のバッグに荷物を収めるコツは、「重い物を重心に近づける」「使用頻度が高い物を取り出しやすく」というパッキングのセオリーに、あまりとらわれすぎないことだ。

まず、もうさほど重い物がない。そして、入れる位置を選べるほど、バイクパッキング用のバッグは便利にできてない。

言うまでもなく、サドルバッグがメインスペースである。自転車に取り付ける前のほうが荷物を収めやすいが、キャンプ後の撤収時など、すでに自転車にバッグが付いてる場合は、外して再び付けるのも面倒なので、そのまま入れていく。この点、ホルスター型でスタッ

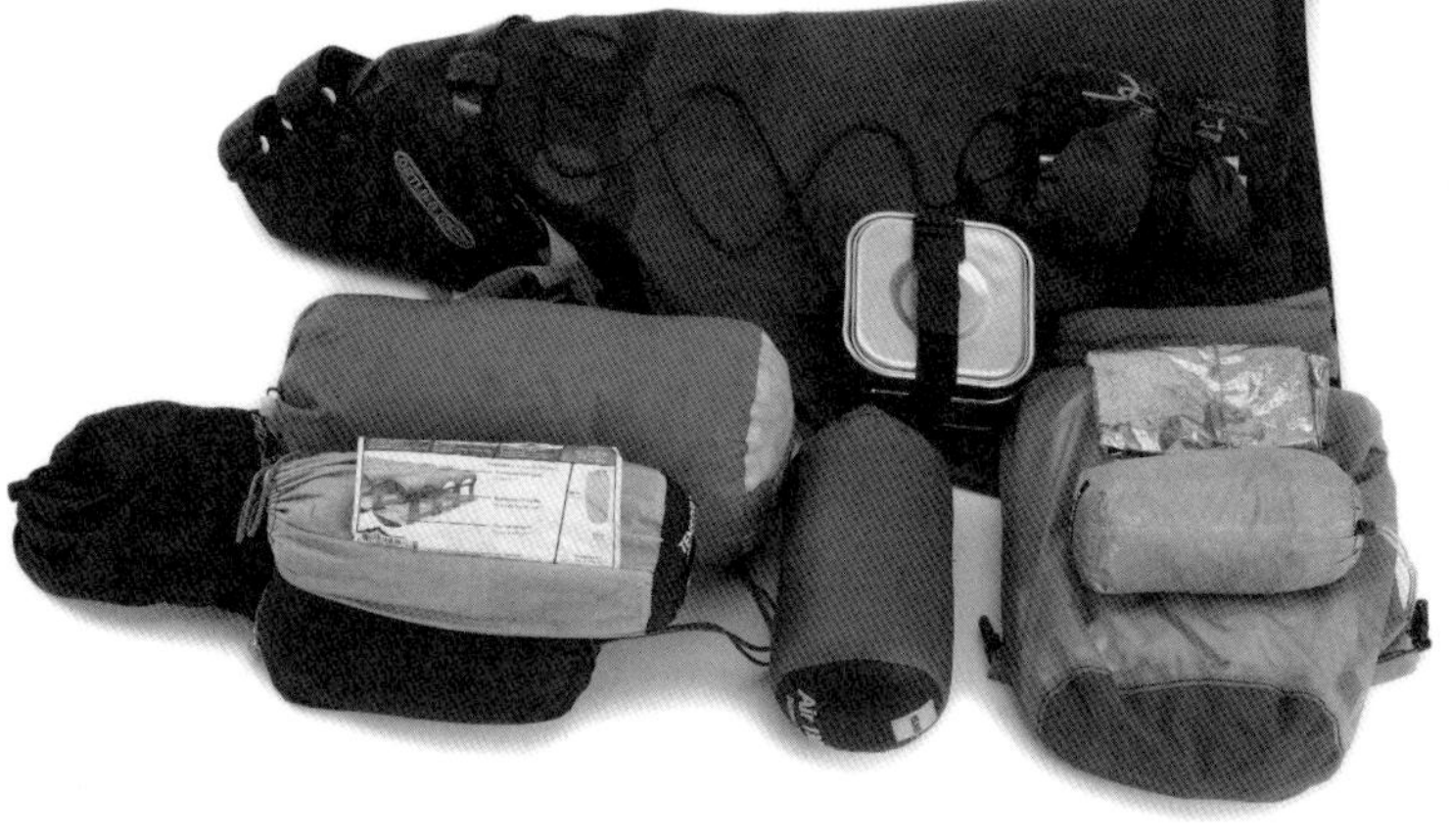

重量の配分や取り出しやすさよりも、バッグの形に合わせ、隙間を減らすことを重視して収めている。ウェアの一部をスタッフバッグから取り出し、隙間を埋めるように突っ込むこともある。

フバッグを使うタイプは便利なように思えるが、意外と使い勝手に差はない。

サドルバッグはほとんど例外なく外形が先すぼまりなので、一番奥にかさばる大物は入れづらい。そのため、まずはシューズカバーやレインパンツなど、小さなスタッフバッグに入っているものを先端に押し込む。これによって無駄になりがちな空間を減らし、バッグの先端がつぶれたり垂れ下がることを防ぐ。

次にテントの本体や輪行袋、クッカーを入れる。それなりに重いがスペースも取るので、第二段といったスペースに陣取らせる。

その次には、スタッフバッグに入れた着替えを押し込む。クッカーの両脇や隙間を埋めるため、ソックスなど一部の着替えはむき出しで入れるのもいい。

最後方に寝袋を収める。後ろになるほどスペースが広がるので、ようやく寝袋が入ると言ってもいい。そして、寝袋とバッグの隙間に潜り込ませるように、レインジャケットを押し込む。グラウンドシートなどたたむと平面になる物も押し込みやすいだろう。

つまり、走行中は出し入れしない寝袋が開口部に近いという、従来のセオリーに反した状態になる。大きい割りに軽いので重量バランス的には悪くないが、そこしか入らない、といったほうが正確だ。コンパクトな夏用の寝袋なら、着替えより奥に入れることもできるが……。

　使用頻度が高いレインジャケットはなんとか開口部に近づけたいが、レインパンツやシューズカバーなど本格的な降雨に備えた装備を取り出すためには、すべての荷物を取り出す必要がある。面倒だが仕方ない、と諦めている。

テーブルやベンチがあると、バッグに荷物を入れる作業がスムーズに行える。そうした物がない場合は、グラウンドシートの上に荷物を並べて整理し、木などに立てかけた自転車のバッグに収めていく。

　荷物のバッグへの収め方は、人によって順番や方法がずいぶん違う。バッグを自転車から外しておき、いちばん奥に寝袋をぐいぐい押し込む人もいる。どの順番がベスト、という決まりはない。個々のアイテムごとに収納袋に入っているのが標準だが、それを省いて不定形のまま突っ込むほうがバッグのスペースを有効に使えると考えるか、あるていど仕分けしておいたほうが出し入れしやすいし、バッグの外形も整えやすいと考えるか……。

　ただ、毎回のように荷物を入れる順序や位置を変えたりすると、時間がかかるし、忘れ物をしやすい。使う装備やバッグの種類、数が定まってきたら、自分なりの手順を確立しよう。

　最後に、ロールクロージャーを折り返せるだけ巻き込み、リリースバックルを接続。各部のベルトをきつく締め上げる。

　サドルバッグ上面にはドローコードがあるので、不定形の物をくくりつけることができるが、基本的には使わない。ドローコードを使わないと収まりきらないようなら、装備とバッグの容量を見直そう。

ドローコードは、濡れたレインジャケットやお店に入る際に外したグローブを固定するなど、あくまで一時的に使うものだ。筆者は充電用のソーラーパネルを広げて固定する際にもドローコードを使っているが、充電が終わったら速やかにパネルをたたんで、バッグ内にしまっている。ドローコードに何かをぶら下げていると、落ちそうで常に不安だし、見た目も放浪感が出て好ましくないと感じる。

フロントバッグには、テント本体と同じくらいかさばるスリーピングマットを入れることが多い。スポンジが入った自動膨張式で150㎝の長さがあるタイプだと、これだけでほとんど一杯になるだろう。あとは水筒のプラティパスを押し込めるかどうか。ほとんどのフロントバッグは、サドルバッグ以上に出し入れしづらいので、ハンドルからバッグ（もしくは別体のスタッフバッグ）を外して作業しよう。そして、ハンドル幅に収まるようにロールアップする。

なお、オルトリーブのアクセサリーパックのように、比較的小さくてスリーピングマットが入らない反面、中身が取り出しやすいフロントバッグの場合は、レインウェアを優先的に収める。

フレームバッグの最優先貨物は、テントのポール。これが入らないとやっかいだ。いくら軽量なテントでも、ポールが長いものは却下するしかない。サドルバッグに入れることも可能だが、ポールを曲げるような圧力がかかりやすいので、できればフレームバッグに収めたい。フレームそのものやバッグの外に、ポールをベルトなどで直接括り付けるのは最後の手段。落としやすいし、それを良しとしだしたら、バッグなど不要になってしまう。

ポールを入れてもフレームバッグのスペースには余裕があるので、カトラリーやポケッタブルリュック、充電器などを入れたり、トップチューブバッグに入りきらない補給食などを入れることもできる。バイクパッキング用のバッグで、唯一中身を出し入れしやすいのがフレームバッグだ。

なお、ハンドルバーとステムの横に吊るすポーチも各種存在するが、そういうスペースが欲しい場合、筆者はカメラレンズ用のポーチをリリースタイ（結束バンド）で吊るして、一時的に代用している。

行動計画のヒントとノウハウ

今日はどこまで走れるだろうか……。サイクリングには、いつも少しの不安と期待が入り交じる。決して速く走ろうとはせず、停まる時間を減らして走っている時間を伸ばす。それが距離を稼ぐ鉄則だ。

ご承知のように、自転車は「何時までに必ず何km走れる」と断言しづらい乗物だ。あと5時間で30kmだけ、といった極端に走行距離が短い場合は別だが、それではロードバイクで走る意味が薄れる。

総重量が30kgを超える従来のキャンプツーリングでは、走行距離を控えめにし、なるべく峠を避け、ゆっくり走ることしかできなかった。総重量を15kg台に収めたバイクパッキング仕様なら、日帰りや宿泊まりと同じような行程も容易に走ることができ、平均速度もさほど落ちない。もちろん、走りに関係のない荷物を抱えているのは事実なので、あまり欲張った行程は避けるべきだろう。

日が暮れても、ライトさえ十分に明るければ、走り続けるのはたやすい。ナイトライドは一日の走行距離を飛躍的に増やしてくれるから、ゴールが自宅や宿泊施設なら、実践するのも悪くはない（眠くならない範囲で）。

ところがキャンプツーリングの場合は、日が暮れる前にすべきことがたくさんある。また、受付は午後5時まで、というキャンプ場が多いので（フリーチェックイン・アウトというキャンプ場もあるが例外的）、ナ

絶景や観光名所では思わず足が止まるが、ロングライドを志向するなら長居は禁物。目に焼き付けるのにそう時間はかからないから、早めに走り出そう。もちろん、距離を求めずに緩めのポタリングを楽しむ日があってもいい。

キャンプツーリングでのナイトライドは控えめに。できれば17時までに、遅くとも日没後の残照が輝く時間までにはキャンプ場に到着したい。

上りで時間がかかるのはしょうがない。獲得標高100mにつき10分といったように、自分なりの所要時間を見込んだ上で、淡々と越えていこう。

イトライドという時間的なマージンを設けることが難しい。だから、事前に特定のキャンプ場を確定するのが少し心配でもあり、行動計画にコツが求められる。

確かなことは、「走り出して時間が経てば経つほど、残りの時間で走れる距離がより正確に見通せる」ということ。この単純な事実をキャンプツーリングでも活かそう。

筆者の場合、明るい日中に無理なく走れる距離は150㎞が目安だ。これだけ走れれば「今日はけっこうがんばったな」と納得でき、一片の遠慮もなくビールを飲むことができる。

日照時間やコースの険しさ、風向きにもよるが、ツーリングにおいては、速さで距離を稼ぐような運動強度の高い走りかたはしないし、キャンプツーリングで無闇に難易度が高いコースを組むこともないので、あまり走行距離が変動しない。ただし、ダートが混じると一気に走行距離は減る。ダート区間の所要時間は、舗装路の2～3倍を見込もう。

バイクパッキングに興味を持つようなサイクリストなら、ソロで淡々とまじめに（？）走れば、150㎞くらいは日中に走り終えることができる人が多いのではないだろうか。もちろん、その距離が１００kmでも問題ないが、ここでは１５０kmを例に、キャンプツーリングでの行動計画の立て方・考え方を紹介する。

まず、スタートから１２０km地点の周辺と、１５０km地点周辺の二ヵ所にキャンプ場を見つけておく。むしろ、そんな距離間隔でキャンプ場が二ヵ所あるようなコースを考えておく。インターネットはもちろん、紙の地図やガイドブックを利用しやすい自宅で計画しておくのが理想だが、ある程度長期のキャンプツーリングになると、そうもいかずアドリブで走ることも多いだろう。

出先ではスマホが頼みになるが（紙の地図がバイクパッキングと相性が悪いのは前述の通り）、地図をスクロールして眺めるだけでは、キャンプ場は見つけづらい（表示縮尺が小さいと表示される情報も少ないから）。１２０km先の市町村が「○×町」だとしたら、「○×町キャンプ場」などと入力して検索しよう。すると、よほどマニアックなキャンプ場以外は浮かび上がる。

同様に、１５０km先の市町村名も入れて検索し、キャンプ場の存在と連絡先を見つけておこう。走り出す前に、コーヒーでも飲みながら検索するのがいい。7時か、遅くとも8時くらいまでには出発しよう。

走り出したら、とりあえずお昼くらいまでは淡々と走る。別にがんばる必要はないが、１５０kmくらいの距離を走りたいなら、自転車を降りて観光したり、お店に入って食事するような時間は局限しよう。

お昼になって、走行距離がもう80kmくらいになっていたら、残り70kmは17時までに走れそうだと目処が付くだろう。であれば、１５０km地点にあるキャンプ場に電話して、当日利用できるか確認する。ＯＫなら走るモチベーションがいっそう湧くし、頭の中はキャンプ場でビールを飲むことでいっぱいだ。

逆に、お昼になっても走行距離が70kmに届かなければ、残り80kmを17時までに走れるか危ういことが分かってくる。そうしたら、１２０km地点のキャンプ場に電話して、当日利用できるか確認する。ＯＫなら気持ちに余裕が生まれ、頭の中はキャンプ場でビールを飲むことでいっぱいだ（汗）。

このくらいの二段作戦を取れば、日が暮れたけどキャンプ場に着かない、着いたけど利用できなかった……といった悲劇が回避できる。不安を抱えながら走るのは楽しくないので、「お昼に判断」という考え方をお勧めしたい。

前もって精緻な計画を立ててもいいが、実現できないとモチベーションが下がる。朝から一日中時計を気にするのもわずらわしい。日程に多少の余裕があれば、このくらいアバウトな計画でいいと思う。お昼までに100km走れたら、150kmといわずもっと距離を伸ばしたっていいし、通りすがりに見かけたキャンプ場が魅力的だったら、そこで夜を過ごすのもいい。プラス思考で計画を変える分には、精神的なダメージはない。

常にロングライドとキャンプを両立させる必要性はまったくないが、軽いから走れてしまう。だから、もっと距離を伸ばしてみたい、と考えてしまう。

チェックイン時間がフリーのキャンプ場を狙って、200km前後の距離を走ったこともある。

しかし、キャンプ場に着く頃にはとっくに日が暮れてしまった。テントの設営が何倍も面倒だったし、よい場所が残ってないこともあった。食事もおざなりになるし、なんだか闇にまぎれてコソコソとキャンプしているようで、あまり気分がよいものではなかった。少々のナイトライドとキャンプの両立は不可能ではないが、お勧めできない。

一泊二日などの短期間なら、キャンプ場をしっかり決め打ちする必要がある。控えめな走行距離を設定し（輪行などでキャンプ場までの距離を調節する）、早い時間にキャンプ場に到着できる計画を立てたい。

キャンプ場によっては、かなり前に予約が必要だったり、開設シーズンじゃなかったり、そもそも都合がいい地点にちょうどよくキャンプ場が存在しないこともあるだろう。

そんな時は、無理にキャンプせず、食事なしで利用できるホテルや旅館、民宿を探すのも手だ。食事なしなら遅い時間でもチェックインできるから、走行時間を伸ばすこともできる。食事は宿の周辺で外食したり、コンビニで買うなど、どうにでもなる。この三段作戦にすれば、寝るところがないという最悪の結末は回避できる。

キャンプ装備のバイクパッキングだから、なにがなんでもキャンプしなければ……と気負う必要はない。夜を過ごす選択肢が増えるくらいに思って、天候や体調、コースに応じて、キャンプと宿泊施設を柔軟に使い分けたい。

キャンプ場の
選び方と過ごし方

茨城県北部の大洗キャンプ場。がんばれば東京から自走で行け、輪行すればさまざまなルートでアプローチできる。街中にあり買い出しや入浴などが便利で、気軽に訪れることができる。しばしば利用しているので、自分にとって故郷のような感すら覚えるキャンプ場。予約不要で利用料金は1300円。

ツーリングの行程計画上、望ましい場所にあることが、キャンプ場選びの最優先事項だ。

オートキャンプのように、クルマが乗り入れできるかどうかや、電源やシャワーなど設備の充実度、レンタル用品の有無は、重視する必要がない。

個人的には、場末感があって利用者が少なそうなキャンプ場が好みだ。お風呂は近隣の入浴施設を利用すればいいし、キャンプに必要な装備はすべて持っている（はずだ）。眺めなどロケーションに恵まれているに越したことはないが、そうでないから他のキャンプ場を選ぶ、ということもあまりない。

標高があるキャンプ場は、注意が必要だ。予想以上に寒かったり、買い出しが面倒なことも多い。ピンポイントで天気予報が分からない場所にあれば、麓からの標高差１００mにつき気温が０・６℃下がるというセオリーに基づいて、キャンプ場の気温を予想しよう。

逆に、暑い夏は標高があるキャンプ場を狙えば快適。寒さは装備次第で対応できるが、暑さはどうしようもないので、涼しいところに行くしかない。

料金は安いに越したことはないが、場所さえ適当なら、高いから敬遠するといったこともない。まれに

鹿児島県南大隅町のキャンプ場、さたでいらんど。麓から標高差300mの高台にあり、眼前に広がる錦江湾越しに開聞岳が迫る。苦労して上る価値のあるキャンプ場だ。利用料金は1080円。

広島県の山間部、庄原にそびえる備北オートビレッジ。各種設備が充実しているが、サイクリストには過剰。料金設定も複雑で分かりづらく、フリーサイト利用でも2000円ほど。

お茶と武家屋敷で知られる鹿児島県の知覧にあるキャンプ場、山なぎ公園。3年ほど前に個人が竹林を拓いて開設した隠れ家的スポット。利用料金は500円。

2000円以上も取られると「ちょっと高いな〜」とは思うけれど……。

1区画400円といった料金設定のキャンプ場は、クルマで訪れるファミリー向けだ。ソロ向けのフリーサイトエリアが併設されている場合が多いので、そちらを利用しよう。

キャンプ場が無料だったら、その自治体に感謝だ。夕食を豪華にして、地元にお金を還元しよう。

さて、キャンプ場に着いたら、管理棟に顔を出して受付をしてもらう。まだ入浴や買い出しをしていなければ、そうした施設やお店の有無を管理人さんに教えてもらおう。事前に調べていたとしても、現地に住んでいる方の情報は貴重だし、サイクリストには何かと親切な方が多い。コンビニよりは、地元の方が利用しているスーパーのほうが、食材も気分も新鮮だ。

受付時間外に到着しても利用できるキャンプ場もあるが、その場合は翌日に申し出て、所定の料金をちゃんと払う。

テントサイトに入ったら、まずは全体を見回して、望ましい設営場所を見極める。たいてい一等地とそうでない場所があり、暗くなると状況が分からないから、入浴や買い出しは後回しだ。

地面が平らで石など異物が少ない、乾いている、トイレにほどほど近い（近すぎると利用者が気になる）、街灯や茂みから少し離れている（近いと虫が多い）、自転車を立てかけることができる何かがある、先客から適当に離れている……といったことが目安だ。ただし、キャンプ場によっては、管理人によって使うスペースが割り当てられ、選択の余地がないこともある。

テントを張る際は、風雨の影響を受けづらいように、入り口を風下に向けるのが基本。自転車が見えると安心だ。日中もテントで過ごすなら木陰の下が望ましいが、翌日は早々に撤収して走り出すのが基本だから、陽射しの状況はあまり重視しなくていいだろう。

テントを張り終えたら、寝袋やマット、調理器具などを中に放り込み、身軽な自転車で入浴や買い出しに出かけよう。

もちろん、キャンプ場に着く前に済ませてもいいが、キャンプ場を確認し、寝床を作り終えてから出かけるほうが安心だ。万一、「このキャンプ場はダメだ」と思えば、買い出し前なら移動しやすい。そんなキャンプ場はまれだけど（キャンプ場に着いたが、雨が激しくなったのでホテル泊に移行したことはある）。

一番避けたいのは、夜が更けてからヤンチャな方々が集まって騒ぎ出すようなキャンプ場だ。街から近く、管理人がいなくて無料のキャンプ場などを週末に利用すると、まれに遭遇する。事前に確かなことは分からないから、心配してもしょうがないが……。

ヤンチャ君にしろキャンパーにしろ、22時過ぎても騒いでる輩がいて、そのせいで眠れない場合は、勇気を出して「もう静かにしてくれ」と伝えるようにしている。テントのなかで、ひとり騒音に耐えながら眠れぬ時間を過ごすのは、かなり腹立たしい。

入浴、買い出し、そしてキャンプ場での調理と食事は、日没のしばらく後、まだ残照で手元が見えるくらいの時刻までに済ませておきたい。ランタンがあっても、暗闇に包まれながらの調理は面倒だし、食べる物がよく見えないと、味もよく分からない。

「虫は大丈夫なの？」と聞かれることが多い。季節と場所によるが、長袖シャツとタイツを着用し、顔や手など露出した肌に虫除けを吹き、さらに蚊取り線香を焚けば（二、三巻き同時に焚く）、おおむね安心だ。ビールを飲みながら、眠くなるまでテントの外にいること

鳥取市の南郊にある用瀬（もちがせ）町運動公園カヌー水辺公園。小さな炊事棟とトイレを設けだけのシンプルなキャンプ場だが（管理棟でシャワー利用可）、その素朴さと街の雰囲気が心地よかった。利用料金はわずか200円。

能登半島の入り口、石川県の志賀町にある大島キャンプ場。海に面した広々とした松林のなかにあり、静寂を味わうことができた。利用料金は500円。

愛媛県の今治市、瀬戸内海に突き出た岬にある大角海浜公園。予約不要で無料という太っ腹なキャンプ場だ。間近に来島海峡大橋を望むことができる。

が多いが、あまり虫に刺されたことはない。

２０１６年から、虫除け成分である「ディート」の含有率が30％まで認可され（従来は15％まで）、市販されつつある。このディート30％の虫除けは効果が高いと感じている。近寄って来た蚊が引き返していくのが分かる。12歳以下の児童には使わないで、と書いてある製品が多いので、もしかしたら毒性もあるのかもしれないが、欠かせない携行品のひとつになった。「イカリジン」という成分が15％入った虫除けも使うことがある。こちらは蚊に加えて、マダニにも効くと言われている。

食材やゴミの管理は、日常よりいっそう気を使いたい。キツネは北海道しか寄ってこないが、カラスの襲撃は全国的だ。年々、知能が高まっていると感じる。

肉などは当然として、袋麺やインスタントコーヒー、サプリなど、およそカロリーを含む物なら、その包装状態を問わずカラスは狙ってくる。人がテントから10m離れただけで、瞬時にカラスがやってくるようなキャンプ場も多い。

そのため、少しでもテントを離れる際は、すべての食材はリュックやレジ袋に入れた上でテント内で保管

北海道一予約が取りづらいと言われる、星に手が届く丘キャンプ場。サイクリストやライダーは予約なしでもスペースを確保してくれる。富良野の街を見下ろす高台にあるためたどり着くのは一苦労だが、期待を裏切らない絶景とジンギスカン料理が待っている。利用料金は1000円。なお、周辺は陸上自衛隊の演習場なので、銃火器の発砲音が聞こえることも。

海と空と道しかない農道が伸びる天塩町。町外れの鏡沼海浜公園キャンプ場からは、日本海に浮かぶ利尻富士を望むことができる。利用料金は500円。

北海道には無料というキャンプ場が多い。写真は倶知安の旭が丘公園キャンプ場。無料故か、長期間滞在したり日中も移動しないキャンパーが多く、ちょっと近寄りづらい。

する。調理はテントの外に出したグラウンドシートに座って行うことが多いが、そのまま席を立つような隙を見せてはいけない。

　バッグは自転車に付けたままでも構わないが、シューズやヘルメット、ハンディGPSなどはテントに入れる。外に出しておくと、夜露で必ず濡れてしまう。ヘルメットは、テント内で小物を入れておくのに便利だったりする。

　食事を終えたら、あとは星を数えるもよし、ビールの空き缶を数えるもよし。眠くなるまでの時間は、きっと長くない。サイクリングの疲労が、心地よい眠りの時間へ導いてくれる。

　目が冴えて眠れないこともたまにある。スマホでメールをチェックしたり、アニメなどを見出すとますます眠れないし（汗）、貴重な電力を使ってしまう。なるべく何も考えず、じっと目を閉じて横になっていよう。すぐに寝付けなくても、疲れは薄らぐ。

　ソロキャンプだと21時前後には寝てしまうので、朝の目覚めも早い。これがキャンプの大きなメリットだ。活動開始が早ければ、それだけ走行時間を確保できるから、ロングライドの可能性も高まる。

寝袋を抜けだしたら、顔を洗ってヒゲを剃る。それからおもむろに湯を沸かし、まずはコーヒーかカフェオレを一杯。しかるのちに袋麺などをいただくが、同時並行的に寝袋やマットを干し、撤収も進める。頃合いを見て、テントも解体して干す。

燃料に余裕があれば、〆にもう一杯コーヒーを飲んでから歯を磨き、乾いた装備をたたんでバッグに収める。目が覚めてから出発まで、だいたい1時間半といったところか。

雨が降っている場合は、濡れたままでも装備を収納するしかない。テント内で調理器具を使うのは危険なので、なるべく炊事棟など屋根の下に移動して、朝食を済ませよう。

日程に余裕があれば、テントにこもって天候の回復を待つこともあるが、かなり退屈だ。ひどい豪雨でない限り、レインウェアを着用してひとまずは走り出すことが多い。

ゴミは、有料のキャンプ場ならたいていは引き受けてくれる。指示どおり分別する……というのは常識として、ちょっと面倒なのは、ゴミ捨て場を設けてないキャンプ場がけっこう多いことだ。

とりあえず、リュックに入れるか、ドローコードにゴミ袋をくくり付けて走り出すしかない。そして、前夜利用したコンビニなどで捨てる。何かしら買い物をして「これも捨てていいですか」とうかがってから、他店でのゴミを捨てさせてもらうこともある。そんなこと言わなくても、ゴミをばんばん捨てていく人が多いけれど……。

一泊二日くらいだと、こうしたキャンプ場でのリズムがつかめず、なにかと手間取ったり、前日の疲労が残ることもある。だから、二日目の行程は、控えめの距離がいいだろう。

これが三日、四日と続くと、頭と体が慣れてくるので、キャンプが家より快適だと思えてきたりする。

初めて利用するキャンプ場は、施設や地形の状況が事前に分からないことも多いし、入浴施設や買い出しに適したスーパーが近くにあるかどうかも判断しづらい。何度か利用したことがあるキャンプ場は、勝手が分かるのでなにかと心強い。そんな自分にとっての「ホームキャンプ場」があれば、新しい道具や調理を積極的に試すこともできる。よく顔を合わすキャンプ仲間も生まれたりして、なにかと楽しい。

実践と改善がワンループ

予報外れの雨に長時間見舞われ、軽量なレインジャケットはあっけなく浸水。しかし、ディスクブレーキはやはりよく効くし、バッグの防水性は完璧だ……悪い条件下ほど装備のよしあしを実感できるので、それはそれで得難い機会ではある。

サイクリングは、計画、実践、記録の三つがセットで楽しめる遊びだ。キャンプツーリングも同じで、さらに「改善」が加わる。

初めてのキャンプツーリングで、すべてが申し分なくうまくいった、というのは稀だろう。数々の問題が発生し、現地で解決できたり、できなかったりする。そうしたできごとを覚えておき、次回のキャンプツーリングまでに対策を練っておこう。これがとても面白かったりする。

トラブルの多くは、事前の計画次第で回避できるものだ。特に疲労や暑さ、寒さの問題は、コースの内容や実施する時期、天候を選べばかなり解決できる。これはどんなサイクリングにも共通だ。

楽しくなかったな……と漠然と片付けるだけでは、せっかくの経験が無駄になってしまう。なぜ楽しくなかったか、原因を突き止めよう。雨が降ったし、予想外に寒かったのが「楽しくない」原因だとする。運が悪かった……で済ませてはダメだ。

レインウェアがしっかり機能したか、適切なタイミングで着用したか、コースをアドリブで変える余地はなかったか、寒いのは走行中だったのか、キャンプ場で過ごした時間が寒かったのか……。

丁寧に振り返れば、どれも解決できる。天候に起因するトラブルは、結局はウェアなどの選択が適切じゃなかったり、適切に使えてない、ということだ。

冬用のウェアをしっかり着ていれば気温5℃でも温かく感じられるが、夏用を着ていたら気温15℃でも寒い。キャンプの場合、自転車を降りている時間も長いから、運動量でカバーできず、適切な防寒着や着替えの必要性が高い。失敗を積み重ねながら、必要な装備を正確に予想し、的中させていこう。

テントが不便、寝袋が破れた、調理器具が使いにくかったといった経験もするだろう。自分のスキルを高めて使いこなすか、別のメーカーの製品に買い替えるかは、判断が分かれるところだ。

ちょっとしたロープワークを覚える、丁寧に扱う、料理レシピを変える・覚えるといった、わずかな工夫でキャンプ生活は快適になり、トラブルも減る。

お小遣いが許すなら、積極的に買い替えたい。それですんなり満足が得られれば文句ないし、逆に前の製品が優れていた点や適した環境に気づくかもしれない。いわゆる「授業料」だ。使わなくなった装備は、古いリュックなどに入れて非常時の備えの一助にしてもいい。季節やコース、期間の長短で使い分けることもできるだろう。

こうした経験こそ、自分だけの最強の装備になってくれる。経験は重量もスペースもゼロだから、多いほどいい。

改善を進めるためには、自分が計画から主体的に取り組むのが大切だ。グループやチームのプランに付いていくだけでは、大きな失敗に遭わない分、得られる経験も少ない。なぜ、どうして快適なキャンプができたのか、理由が分からないまま楽しみだけを享受する大名旅行になりかねない。積極的にソロで出かけよう。

仲間と一緒の場合は、虎視眈々と（？）装備や振る舞いを観察し、真摯な姿勢で長所を吸収しよう。自分が採用してない装備をなぜ愛用しているのか、気になったら聞いてみる。思いも及ばなかった利点があるのかも知れないし、単にこだわりなのかも知れない。

自分の自転車や装備は完璧だ、と思ったら改善の歩みは止まってしまう。走れればいい、眠れればいいという根性論もバイクパッキングには似合わない。常に謙虚な姿勢で、アンテナを伸ばしていたい。

気がつけばモンベル

気がつくと、身の回りで増殖しているモノがある。特に好きでもないし、意識して選んでいるわけではないのに、なぜかソレに囲まれていたりする。小さなお子さんがいる家庭におけるディズニーグッズのように、いつの間にか忍び込んでくる。

サイクリングやアウトドアの用品において、「モンベル」はそんなブランドかもしれない。価格的にも機能的にも優れた製品が多いことの証だろうとは思う。なんといってもラインナップが豊富だし、店舗も多い。気がつくとモンベルに囲まれて遊んでいる。ウェア、テント、寝袋、バッグ……サイクリングやキャンプに必要なすべての用品を、モンベルで揃えることも可能だ。そんな「モンベラー」が実際に多い。

しかし、他の無数にあるブランドにも優れた道具は多い。むしろ、そのジャンルや用途でずば抜けて優秀だったり、デザイン性の高い製品は、モンベルじゃないことが多い気もする。でも、価格を含めた現実的な選択となると、モンベルが筆頭候補になる。スポーツ自転車におけるジャイアントに近いイメージだ。どちらも間違いなく優秀な製品を、手頃な価格で豊富に揃えている。

だからこそ、モンベルが出していると分かっている製品が欲しくても、最近は必ず他のブランドでも同種の製品を探すようにしている。そして機能やデザインを比較する。いわば、モンベルの製品を仕様上のベンチマークとして利用するのだ。もちろん、実際の善し悪しは両方を買って使わないと分からないから、モンベルより本当に優秀かどうかを判断するのは難しいけれど……。

PART 4

より軽く、より遠くへ

バイクパッキングの本場が言うところの
「シンプル」とか「ミニマリスト」を、
サイクリスト目線の分かりやすい言葉に変換すれば、
「軽量化」に他ならない。
この工夫や道具の吟味が、実はとても面白かったりする。
軽いけれどちょっと頼りなげにも見える
筆者の愛用品を紹介しよう。

1

4

3

1. ツェルトをテントとして利用すれば、大幅な軽量化になり、バッグのスペースにも余裕が生まれる。
2. 現代的なロードバイクと軽量なバイクパッキング装備によって、従来のキャンプツーリングでは考えられなかった距離を走り、峠を越えることもできる。
3. 必要にして十分な火力を、最小限の重さと投資で得ることができる固形燃料。
4. 固形燃料とシンプルなクッカーでも、揚げ物すら楽しめる。
5. 夏用の寝袋やマットはかさばらないので、フロントバッグなしでもキャンプ道具一式が収まる。

北海道の天塩へ伸びる農道。日本海に浮かぶのは利尻富士。シンプルな風景には、シンプルなバイクパッキング仕様のロードバイクが似合う。

晩秋〜初春のキャンプツーリングは爽快だ。寒さは装備次第でどうにでもなる。夏より荷物は増えるが、快適な一夜を過ごしやすい。

2

1

4

3

1. ツェルトの中は狭いが、入るのは寝る時だけ。外に敷いたシートの上で過ごせば問題ない。キャンプ場すべてが自分の庭だ。
2. 自立しないので張る場所を選ぶツェルトだが、保温力は十分に高く、風雨からも守ってくれる。
3. グラベルロードとバイクパッキングの組み合わせなら、林道やトレイル走行とキャンプを両立させることもできる。
4. 夜と朝の食材は現地調達する。地産地消が装備の軽量化の面からも欠かせない。

どうすれば
荷物を減らせるか？

より軽快なバイクパッキングを実現する第一歩は、装備の正確な重量を知ること。キッチンスケールや体重計を利用して、すべての持ち物を計測しよう。

アピデュラのバッグ4点セットでバイクパッキングを始めた当初、そこにキャンプ道具が収まったことに驚き、走りの軽快さに感動した。

しかし、それはスタート地点だった。より軽く、より快適なバイクパッキングを模索する日々の始まりである。ツーリングにおける自分の可能性を広げるために……。

どうすれば装備を軽く、小さくできるか？

まずは、使っているすべてのキャンプ道具と自転車関連ギアの重量を、細大漏らさず計ってみよう。意外と正確な重量を知らなかったことに気付くはずだ。バイクパッキングを始めた時点で余計な物はだいぶ切り捨てたはずだが、まだ何かあったことに気付くかもしれない。

重量を計る際は、手間を惜しまずに、予定する着替えは一枚ずつ、歯ブラシ、タイヤレバー一本といった小物に至るまで計る。キッチンスケールが便利だ。

なお、水や補給食など現地で調達して消費するものや、持たないで走るのが前提の夕食や朝食の食材は計測から除外してもいい。着ているウェアや身に付ける財布なども、とりあえず除外しよう。当然ながら、ポケッ

バイクパッキング採用当初の装備と重量

品目	重量
テント（ポール含む）	1,300g
スリーピングマット	508g
寝袋	421g
輪行用具一式	418g
サドルバッグ	375g
ジェットボイル（ガスなし）	340g
レインジャケット	313g
レインパンツ	245g
レーサーパンツ	221g
フロントバッグ	220g
長袖インナー	170g
サイクルジャージ	161g
予備チューブ ×2	149g
USB モバイルバッテリー	148g
ペグ・ガイライン	135g
シューズカバー	130g
フレームバッグ	130g
ドリンクボトル	130g
LED ランタン	128g
ワイヤーロック	92g
USB 充電器	84g
トップチューブバッグ	75g
虫除けベープ	72g
ポケッタブルリュック	72g

品目	重量
虫除け	66g
普通のパンツ	64g
単 3×2	60g
ソイジョイ ×2	60g
単 3×2	60g
携帯ツール	60g
エマージェンシーシート	52g
スタッフバッグ	51g
シェラカップ	49g
単 4×4	49g
ビス類	49g
長指グローブ	45g
鎮痛消炎剤	41g
プラティパス（水筒）	38g
スプーン・フォーク	38g
日焼け止め	36g
シャーミークリーム	28g
タイヤレバー ×2	24g
ソックス	23g
歯磨き粉	22g
家のカギ	22g
メモ帳・絆創膏	19g
チェーンオイル	18g
虫刺され薬	16g

品目	重量
お守り ×2	16g
ボールペン	14g
ブレーキキャリパー用スペーサー	14g
歯ブラシ	13g
リップクリーム	11g
ティッシュ	9g
ひげそり	7g
アミノバイタル	5g
タイラップ	3g
計	**7,119g**

バイクパッキング式のキャンプツーリングを始めた頃の装備品目と重量。4サイド時代の何でもかんでも持っていくスタイルからは脱却したが、快適なキャンプには便利な道具が欠かせない、という先入観を捨てきれていない状況。何度か実践を重ねて装備を入れ替えたり取捨選択した結果、現在は品目40以下、合計重量は4kg台前半まで絞り込んでいる。

トに輪行袋を突っ込んでバッグを軽くする……といった本末転倒は避ける。

計った重量の値は、エクセルなどに入力する。そして重量順に並べ替えてみよう。品目は50を超え、総重量は6〜7kgになるのではないだろうか。

きっと、テント本体とスリーピングマット、寝袋がトップ3を占めるはずだ。重量的にはワースト3だ。数値を元に円グラフを作れば、視覚的に重さの割合が分かる。バッグごとに集計したり、「寝る道具」「着替え」「自転車用品」といったようにジャンル分けして比べるのも興味深い。

こうして重量を数値で把握すれば、軽量化の道筋が見えてくる。歯ブラシやリップクリームを減らしたところで、効果は薄い。全装備重量の四分の一か三分の一を占めているであろう、ワースト3に切り込むしかない。

なお、ULの本家であるハイキングでは、道具を組み合わせて兼用する、という考えで軽量化を押し進める。スリーピングマットをリュックの背面パッドとしても使う、ポンチョでリュックカバーも兼ねる、といった具合だ。

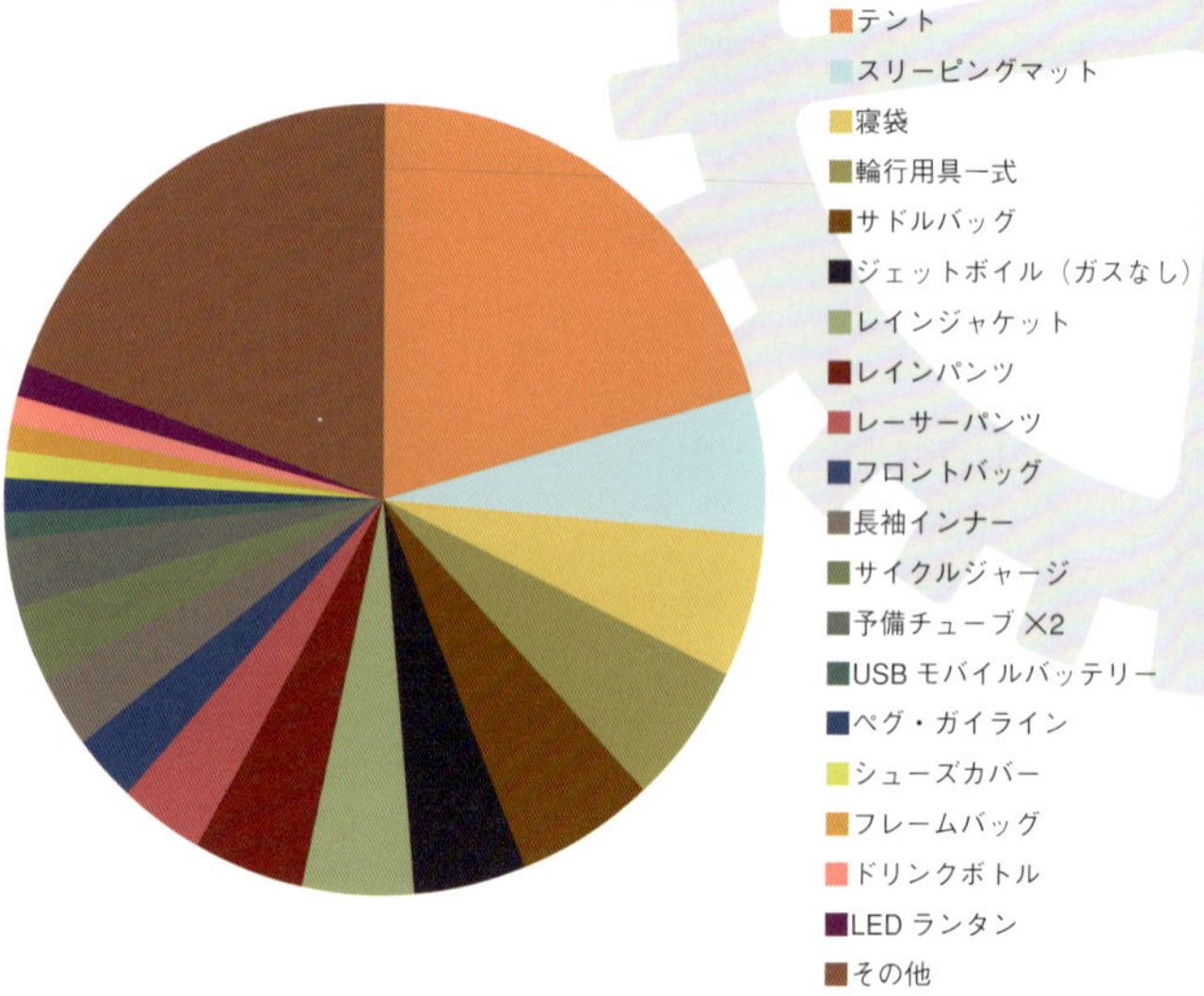

品目を重さ順に並べ、円グラフにしてみよう。何をより軽くすべきか一目瞭然となる。なお、100g以下の品目は「その他」としてまとめたが、細々とした物も積み重なるとテントを超える重量になっている。

しかしサイクリングの場合、キャンプ道具とバッグ、自転車関連ギアがそれぞれ独立しており、兼用で品目を減らせる余地が小さい。輪行袋を寝袋やタープに使うことも不可能ではないが（168ページ参照）、大幅な軽量化は期待できない。大昔、予備スポークに魚を串刺しして焼いたこともあるが、今は予備スポークを持つこともないし、そこまでして串焼きを食べる必要も……と思う。

ワースト3をどうにかして、装備の合計重量を5kg台以下まで減らすことができれば、かつてない軽快さを実感できる。2kg台に突入すれば、自分がキャンプ装備を持っていることを忘れてしまう。やりすぎるとキャンプじゃなくて野宿になってしまうが、そこまで切り詰めることも不可能ではない。

ただし、使えない道具はたとえ1gでも存在価値がないから、軽いだけの道具を揃えても意味がない。経験の裏付けが必要だ。いったん装備を変えたら、何度か走ってみる。この繰り返しによって、自分だけの理想的なULバイクパッキングを実現しよう。

なお、言うまでもないが、最大の重量物は乗り手、次に自転車である。本書の主旨と異なるのであまり触れないが、どちらも軽量化の効果が大きいのは言うまでもない。今は重量8kgを切るロードバイクが20万円以下で買える素晴らしい時代だ。もし、重量が10kgを超える自転車に乗っているなら、買い替えを検討してもいいかもしれない。

自分の体は買い替えるわけにもいかないので、ツーリングを楽しんでいれば自然に減るかも……くらいでいいのではないか。

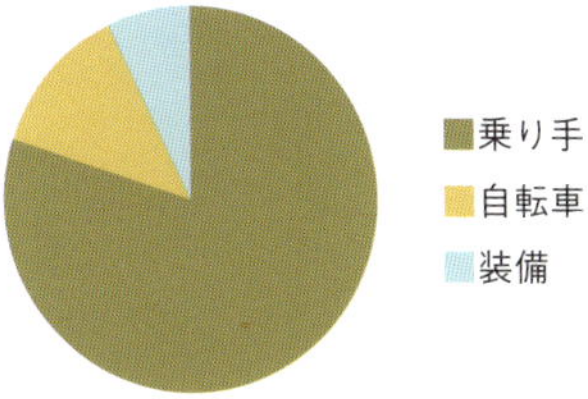

乗り手と自転車を含めた全備重量は80kgほどとなる。筆者の体重は64kg前後だから、それが実に8割を占める。だから自身の軽量化がもっとも効果的なのは言うまでもないが、残る2割の中で工夫するのが機材スポーツであるサイクリングの楽しみでもある。

より軽い装備は、省スペースにも直結する。すると必要なバッグの数も減らせるから、ますます軽快に走ることができる。また、装備を軽くするための投資は、自転車本体や部品への投資より費用対効果が格段に大きい。

ツェルトのすすめ

国産にこだわるアウトドアブランド、ファイントラックのツエルト1を愛用。一見ただの一枚布なので17,280円（税込）という価格は高く思えるが、丈夫なのに軽く、防水なのに蒸れにくいナイロン生地を使っており、出入り口や通気口の設計も巧み。

軽量化と省スペースを押し進める切り札が、ツェルトだ。あまりにも効果絶大なので、せっかく持っている自立型テントの出番が大幅に減ったほどである。

「ツェルト」はドイツ語でテントのことだが、日本では緊急時に使う非常用品という位置づけである。遭難一歩手前のヤバい状況で、かぶったりくるまったりするという、あまり使いたくないビバーク装備だと思われている。登山の経験が長くても、ツェルトは常にリュックの底、という人が多い。

しかし、テントの代わりに思い切ってツェルトを使ってみると「これしかない」と実感した。筆者が使っているのはファイントラックのツエルト1という製品だが、きちんと張ることができれば、ソロ用のテントとして十分な機能と居住空間をもたらしてくれる。テントより安価でもある。

そして本体重量は実測わずか229g。これのおかげで、重量ワースト1のテントを置いていくことができる。ペグやガイラインが130gくらいあるが、それらを含めても、自分が愛用してきたテントに比べて、一気に1kg近くも軽量化できる。

恩恵は重量面だけじゃない。テントに必須だった長

収納するとツールボトルと同じくらいの小ささになる。張るにはガイラインと6本のペグ（アルミ製の軽いタイプを自分で少し短く切った）が必要。これらを合わせても重量は359g。テントに比べると圧倒的に軽い。

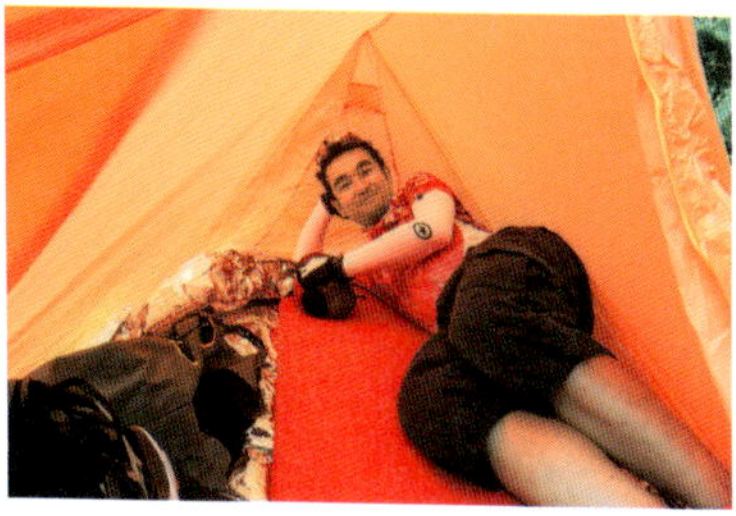

グラウンドシートを敷いた上にスリーピングマットを置く。小雨程度なら浸水しないし、下から虫が入ってくるようなこともない。テント同様の保温力もある。

フロアをヒモで閉じて使用する。ツーリングではツェルトをかぶったりしないから、最初から閉じていればとも思うが、実用上はなんの問題もない。

いポールが要らなくなることで、それを収めるために存在していたようなフレームバッグが要らなくなる。

フレームバッグが要らなければ、その重量が丸ごと浮くし、便利なボトルケージを存分に活用できる。長めのツールボトルを選べば、フレームバッグに入れていたLEDランタンやナイフなども入ってしまう。

軽いだけでなく、ツェルト本体は、手の平サイズといえるほど小さく収納できる。サドルバッグから手探りで取り出そうとすると、シューズカバーと間違えてしまうほどだ。

今までパンパンだったサドルバッグに余裕が生まれるので、ロールアップして長さを縮めることができる。すると揺れが減り、軽量化とあいまっていっそう気持ちよく走ることができる。このように、テントをツェルトに変えると、メリットの連鎖が止まらない。

しかし、本当にツェルトで大丈夫なの？と、しばしば疑いの目を向けられる。まったく大丈夫なのだが、使ったことがなければ不安を覚える気持ちもわかる。よく聞かれることを列記してみる。

「虫は大丈夫なの？」。肌の露出を減らし、虫除けと蚊取り線香を併用すれば、テントと同じくらい問題ない。真夏の森の中でジメジメした湿地……といった蚊が好みそうなキャンプ場なら刺されることが増えるかもしれないが、そんなとこには行かない。

「寒くない?」。開口部や隙間はさほど広くないし、ツエルト1は床もあるので、保温力は3シーズン用のテントに近い。中が狭い分、保温力が高いとすら感じている。ツエルト1は透湿性が高い生地を使っているので、蒸れや結露に悩まされたこともない。

「雨や風は大丈夫?」。小雨程度なら問題ない。地面からの浸水は、グラウンドシートでかなり防げる。風がある程度以上強いと生地がはためきやすいので寝付く前は少々気になるが、テントに移りたいと思うほどではない。

本格的な降雨が予想された時は、現地のホームセンターでポリエチレンシートを買って、即席タープとしてツェルトの上に張ったこともある。もちろん、土砂降りなのに無理にキャンプ場で夜を過ごす必要はないから、事前にビジネスホテルへ逃げ込むことも多い。

「狭いでしょ?」。そりゃあ狭い。床面積はトレックライズ0と同程度あるが、ドーム型ではなく屋根型なので、内部空間はかなり狭い。背が高い人は、出入り

ポールの代わりに、二本の立木を利用して張るのが基本。慣れれば簡単に設営でき、条件がよい場所なら5分とかからない。寝るまで外で過ごせば、ツェルトの狭さが気になることもない。テントでも調理や食事は外で行い、寝るまでは外で過ごすことが多いから、快適さに大きな差はないと思える。

口方向の生地が頭に触れて不快かもしれないので、その場合はツエルト2ロングという大きめのツェルトを使ったほうがいいかもしれない。一枚布なので前室はないが、シューズやヘルメット、食材を中に入れるくらいはできる。

なお、自分が使っているファイントラックのツエルト1とモンベルのU・L・ツェルトは、スペック表記上は同じ寸法だが、実際は後者のほうが少し背が高いようで、中に入っての酒盛りなどもしやすい。

ツェルトの狭さは、簡単に解決できる。寝るまでの時間を外で過ごせばいい。どんな大型テントも「外にいる」という単純な過ごし方にかなう広さはない。そして、眠ってしまえば、狭さが気になることはない。

ツェルトはサイクリストにとってメインシェルターになりうることが分かっていただけただろうか。自分の愛用っぷりを見て、ツェルト泊に移行したサイクリストが何人かいるが、みんなメリットを実感し、不満は聞こえない。やってみなければわからない、という事は世の中に無数にあるが、キャンプにおいてはツェルト泊がその典型だろう。

ほとんど唯一にして最大の欠点は、張る場所を選ぶ

適当な間隔で立木がない場合は、自転車を利用する。ひっくり返して前輪を外しておけば、かなり安定して自立する。後輪のブレーキをかけておき、そこにガイラインを結べばOK。外した前輪を自転車の右側に立てかけておけば、少なくともディレイラー側には倒れないので安心だ。

仲間と一緒に複数のツェルトを張る場合は、ツェルトをL字型に配置して、倒立させた一台の自転車を共用することも。自転車を左右から引っ張ることになるので、より安定する。

自転車を利用すると、こうなることもたまにはある（前輪を外しておけば可能性は減る）。雨が降っていたりするとけっこう惨めだが、また立てればいい。

浜辺で立ち木がないキャンプ場はツェルトの苦手とするところだが、流木などが見つかれば、それをポール代わりにして張ることができる。

ことだ。ハイカーがツェルトをテントとして使う場合、トレッキングポールを支柱にして設営する。しかし、自転車の場合そんなものはない。かといって、わざわざポールを持つくらいなら、テントから移行する意味が薄れてしまう。

そのため、立木やベンチ、看板など、キャンプ場にあるなにがしかを支柱にして、ガイラインを張ることになる。3〜4mくらいの間隔で2本の立木があれば理想的だ。

そんなに都合のよい間隔で立木があるとは限らない。そんな時は片方を自転車で代用し、ガイラインを張ることになる。

ハンドルとサドルを下にした自転車は、意外としっかり立ってくれる。もちろん、ハンドルの上にあるハンディGPSやライトなどは外しておく。前輪を外すとさらに安定する。そして、ブレーキレバーをリリースタイや輪行に使うベルトなどで縛って、後輪を固定する。そこにガイラインを結びつければ、かなりよい状態でツェルトを張ることができる。高さが足りない場合は、シートポストを伸ばすといい。

自転車が倒れることもある。倒れても深刻なダメージが発生しないように、前輪をギヤ・ディレイラー側に立てかけておけば万全だ。

このように自転車を利用することで、立木的なものがひとつでもあれば、問題なくツェルトを張ることができる。ガイラインを張り、ペグさえ地面にしっかり刺されば、設営はあっという間に完了する。ただし、自転車を買い出しなどに利用できなくなるので、ツェルトを張るタイミングを間違えないように。

本格的な降雨が予想されたので、ホームセンターで買ったビニールシートヒモで簡易タープをでっちあげたことも。もったいないけど、翌朝は捨てて出発した。

初めて利用するキャンプ場は状況が分からないから、ツェルトを使い始めた頃は、うまく張れるかどうか少なからず心配もあった。実際の経験では95％以上のキャンプ場でツェルトを張ることができた。ツェルトで利用した25ヵ所のキャンプ場のうち、「張れない」と判断したのは一ヵ所だけ。そこも張れないことはなかったのだが、都合が良い場所を先客が占めていたのが理由だった。

利用客が多いハイシーズンはツェルトを張る場所に困ることも増えそうだが、そのわずかなリスクのためにツェルトを諦めることはないだろう。

ツェルトによって生まれた余裕を、どのように使うかは自由である。走るのが楽になるから、さらなるロングライドや未体験の峠越えに挑むこともできる。観光やグルメに充てる時間を増やしたっていい。浮いたスペースを防寒着の収納に使えば、より寒い季節・土地のツーリングも可能になるだろう。

スリーピングマットを使い分ける

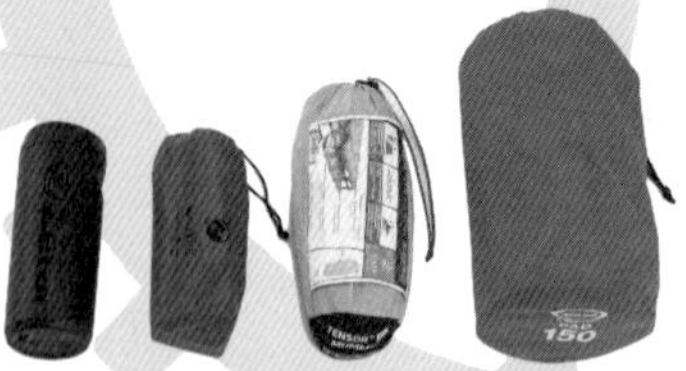

ツールボトルとの大きさ比較。右からモンベルのU.L. アルパインパッド150、十分に軽くて小さくて暖かいニーモ・テンサー20S、もはや清々しいほど小さくなるクライミット・イナーティアXライト。ちなみに価格（税抜）は11,000円、13,000円、11,500円とほぼ横並び。

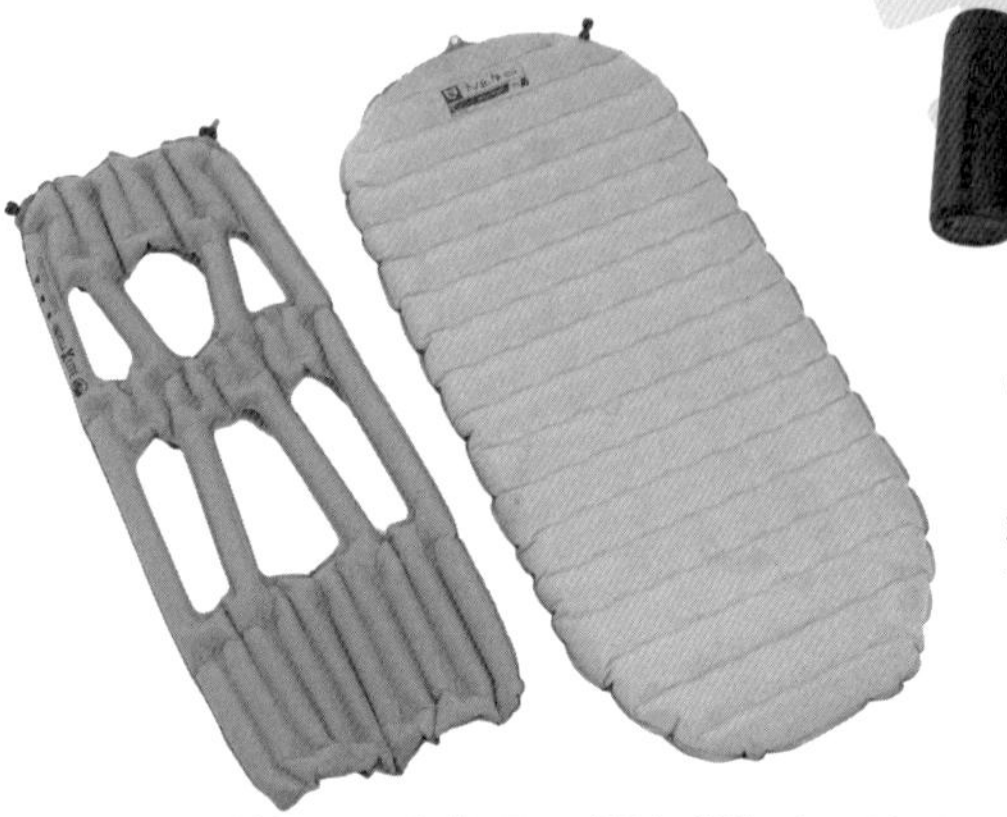

テンサー20S（右）は3シーズン使い回せる保温力が期待できる。イナーティアXライト（左）は夏しか使う気にならないが、所有欲をくすぐる。

重量のワースト2と3が、スリーピングマットと寝袋だった。ツェルトを採用した後は、ワースト1と2になってしまう。次はこのふたつを何とかしたい。

スリーピングマットは、軽量化と省スペース化の余地が大きい。バッグに入らないフォームマットは論外として、自動膨張式のスポンジ入りマットを見直し、空気を入れるだけのエアマットで良しとすれば、かなり軽くて小さくなる製品を選ぶことができる。

筆者がここのところ愛用しているのは、ニーモ・テンサー20Sというエアマット。それまで使っていたモンベルの自動膨張式マットは、寝心地と保温力は申し分なく、冬は今も使っているが、フロントバッグを占有する大きさが気になっていた。

テンサー20Sは、「ムーンライトギア」（東京都・千代田区）というULハイカー御用達のセレクトショップで購入した。

こうした専門店を訪れた際は、「これ下さい」的な買い方をするよりも、「マットを小さくしたいのですが……」と、自分が抱えている欲求を素直に伝えるのがいい。それに応じた的確なアドバイスと製品を提案してもらえるのが、専門店の存在価値だ。

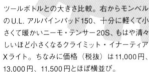

ニーモ・テンサー20Sは、実測257g（スタッフバッグ、リペアキット込み）という軽さで、収納時はレインパンツなどと同じくらいに小さくなる。これによって、ワンランク小さなバッグも選べるようになる。

エアマットは寝心地が今ひとつで、体の収まりが悪くてずり落ちる製品が多かったが、この点でもテンサー20Sは優秀。自然な反発力で体を支えてくれ、寝返りなどしてもずり落ちることが少ない。

保温力も申し分なく、夏用寝袋との組み合わせでも気温3℃くらいまでは快適だった。長さが120㎝のタイプなので、ふくらはぎから下がはみでてしまうが、寒いと感じる時は物を入れたポケッタブルリュックを足下に敷いて、保温力を補っている。

さらに軽量化とコンパクトさに突き進んだエアマット、クライミット・イナーティアXライトも使っている。大胆な肉抜きがされており、一目見ただけで「ヤバさ」を感じさせる。

重量は実測187g（スタッフバッグ、リペアキット込み）。軽い……が、製品にはブロアーのような専用ポンプが付属し、これでプラス23g。計210gになるので、テンサー20Sに近い重さとなる。肉抜きのせいで、口で吹き込める程度の空気圧だと凹みやすく、ポンプでパンパンにして使うのが前提だ。

このポンプがあるせいで、見た目の尖り具合ほど軽くない、と残念に思ったが、自転車の携帯ポンプを忘れていた。携帯ポンプのパッキンを米式にして（たいていのパッキンは仏式と米式がリバーシブル）少々口金を削れば、イナーティアXに空気を入れることができるようになった。これで専用のポンプは不要。

寝心地はクセがある。肉抜きのない部分に肩と腰がしっかり乗ると思いのほか快適だが、ずれると地面の硬さや冷えをモロに感じる。身長が低くても高すぎても使いづらいだろう。そもそも、100㎝ほどの短いタイプを選んだので、十分な快適さを求めるのは筋が違う。万人に勧められるマットではないが、こういうマニアックな製品には心をくすぐられる。

エアマットは穴が空くと使えない、という宿命的な弱点がある。タイヤのチューブと同じように、いずれ穴が空くと思ったほうがいい。しかし、走行性能を優先して軽量チューブを選んでしまうように、軽量でコンパクトなエアマットも一度使うと（正確にはバッグに収めると）病み付きになって手放せない。

寝袋を使い分ける

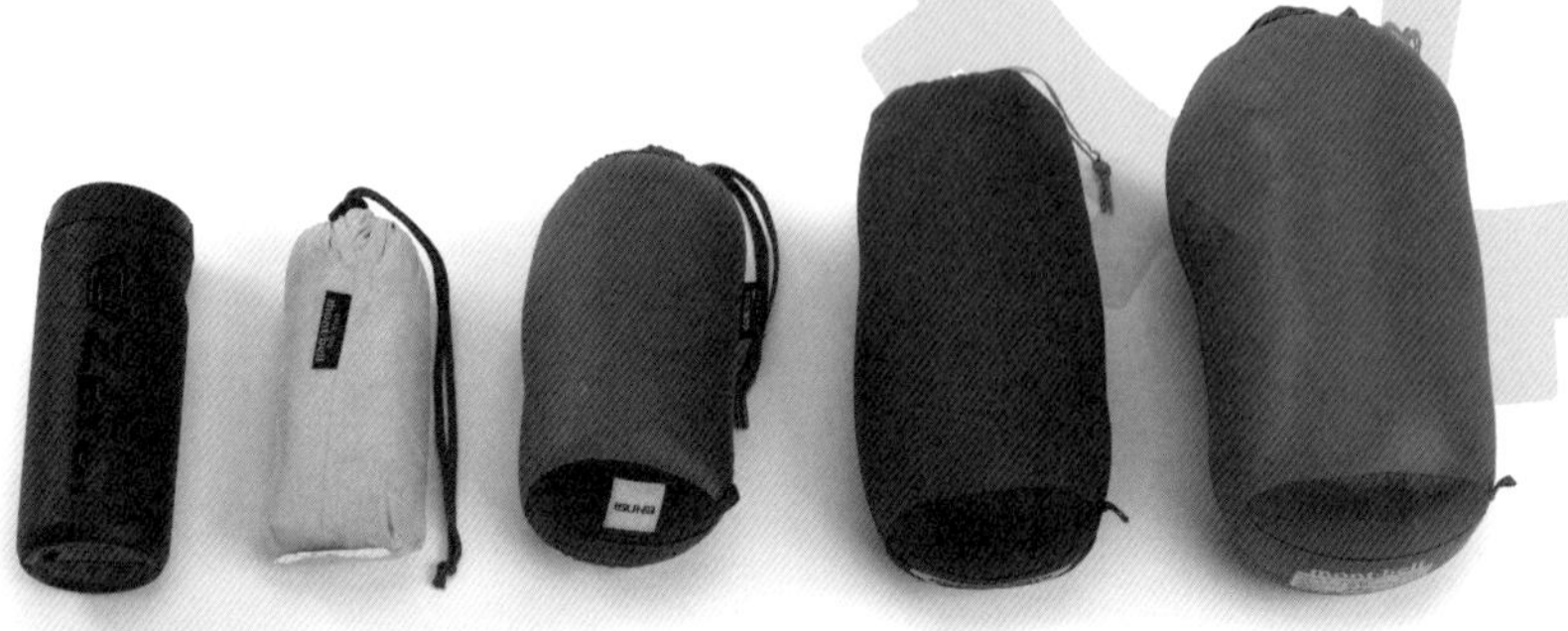

右から、気温3℃対応、7℃対応、8℃対応の寝袋、そしてシルクシーツと、比較用のツールボトル。これだけ収納時のサイズが異なる。キャンプツーリングを通年楽しむためには、少なくとも寝袋は複数を揃えたい。

寝袋は、魔法のようなトリックが存在しない道具だ。サイズと重量は、保温力に比例して大きくなるので、小さくて軽くて真冬も快適な寝袋、なんていうのは存在しない。

もちろん、高価な製品ほど良質なダウンを使っているので、サイズ・重量と保温力のバランスに優れる。

ダウンの質は、フィルパワー（FP）という単位で表される。同じ重さのダウンでも、FPが低いとペシャッとしていて空気が少なく、保温性が低い。FPが高ければ、少量のダウンでも保温性が確保できるから、軽くて小さく収納できる製品が作れる。そのため、バイクパッキングでは800FP以上の高品質なダウンを使った製品を選びたい。

しょぼいダウンや化繊を使った寝袋は安いが、でかくて重い。1万円か2万円の出費を惜しんだばかりに、大きなバッグを買い直すことになったり、凍える夜を体験するのは割りに合わないだろう。

もちろん、無闇に温かい寝袋を用意することはない。シーズンやキャンプ場の立地にあわせて使い分けよう。

筆者はおもに3種類を使い分けている。

冬や春の信州でキャンプする時は、モンベルのダウ

モンベルのモンベルのダウンハガー800 #3と、イスカのエア130X。ダウンの量が違うことに加え、後者はフードやジッパーを省いて、軽さと小ささを優先している。

ンハガー800 #3を使っている。重量560gで、コンフォート温度が3℃という製品だ。ある程度、着込んで入れば0℃くらいでもヌクヌク快適に眠ることができる。

自転車の場合、積雪があったり路面が凍結するような状況では楽しめないので（MTBにスパイクタイヤを履かせればそれなりに走ることもできるが）、キャンプを含めて気温0℃くらいの環境が活動限界だと思っている。

ダウンハガー800 #3くらいになると、バッグの中でいちばんかさばる荷物になる。着替えとの共存が難しくなるので、冬は着替えなしでキャンプすることが多い。

それもあって冬は一泊二日のショートキャンプばかりだが、どこも食べ物が美味しいし、虫や汗を気にする必要がない。装備でどうにも快適性を上げられない真夏のキャンプよりも、冬のほうが好きだ。キャンプ場はガラガラだし、意外と狙い目のシーズンだったりする。

初夏から晩秋まで使っているのが、イスカのエア130Xという軽量寝袋。フードやジッパーを省いて

春まだ浅い信州路を行くバイクパッキング仕様のロードバイク。かさばる寝袋とマット、そしてダウンジャケットを収めたバッグがはち切れんばかり。しかし、空気が澄んだ季節のキャンプツーリングは爽快だ。

おり、重量は実測327g。少し大きな輪行袋、といった収納サイズもうれしい。

これを選ぶと、サドルバッグに余裕が生まれ、着替えをしっかり用意できる。つまり、寒い時は寝袋重視で着替えなし、そうでない時は寝袋を削って着替えを増やすという組み合わせだ。

エア130Xの対応最低気温は8℃とされているが、ツェルトを張り、レインジャケットなどを着込んで入れば、外気温が3℃くらいでも眠ることができた。そのため、年間の半分くらいは使うことができ、出番が多い。かなり尖った製品の割りには、価格も税抜1万7000円と現実的だ。

購入当初は、ジッパーやフードがないことに一抹の不安もあったエア130Xだが、実用上ほとんど問題なかった。ジッパーがなくても出入りは簡単にできるし、なによりジッパーの引っかかりや破損などを気にせずに済むので気が楽だ。寒い時は、レインウェアを着込んでそのフードを被れば、かなり保温力を高めることができた。暑い時は、腰くらいまで降ろしたり、掛け布団のように使えば、体温を適度に逃がすこともできる。もちろん冬は選べないが、満足度の高い寝袋だ。

夏場ならここまでバッグを減らし、軽装で走ることができる。以前は、「大は小を兼ねる」式で夏用の寝袋やマットをケチっていたが、やはり必要。蒸し暑い季節も、荷物の軽さが走る気にさせてくれる。

メーカーのホームページにある製品解説を読むと、参考用途に「ブルベ」とあるのが少し笑えた。個人的に寝袋を持ってブルベを走ったことはないし、そんな参加者を見たこともないけれど、エア130Xなら持って走ってもいいかな、と思わないでもない。

最低気温が20℃を下回らない夏は、モンベルのシルクシーツを選んでいる。その名のとおりシーツなので保温力は限られており、肌が直接マットに触れて汗ばむのを防ぐ、といった役割だ。実測165gと極めて軽量で、ウェアのバックポケットに収まるほど小さくなる。

シルクシーツと軽量マット、ツェルトを組み合わせると、ことさら「バイクパッキングです」と言う必要もないほど、さりげないスタイルでキャンプツーリングに出かけることができる。調理器具や着替えを含めても、容量10ℓ程度のサドルバッグに収まってしまうし、装備の合計重量を2kg台に収めることも可能になってくる。

ここまでくると、4サイドバッグのキャンプツーリングはなんだったんだろうな……と、過去に思いを馳せる自分を見つけるのだった。

タープとビビィを使ってみる

誰もが一度は考える（？）輪行袋をタープにするネタを実践してみた。マルトのRK-02（L）は寸法に余裕があり、3辺が開く構造と相まって、一目でタープになりそうと思えた。

先にも触れた名著『遊歩大全』は、なかば哲学書のような精神的ウンチクが多く、現代的なテントに対する懐疑的な意見もたっぷり書かれている。

そして、屋根なしで夜を過ごすことの素晴らしさを滔々と語り、タープの種類や使い方も詳述している。「ゴロ寝のススメ」のような本だ。初めて読んだ時は、このオッサンすごいな〜と驚きつつ、真似しようとは少しも思えなかったが……。

現在のULシーンでも、タープの魅力が語られることが多い。自転車のツーリングで使う人はあまり見かけないが、ツェルトのように実は「使える」装備なのかも知れない。

しかし本格的なタープの導入を躊躇させるのは、ただの一枚布に近いのにけっこうなお値段がするし、なによりファイントラックのツエルト1より軽量でコンパクトになる製品がほとんど見当たらないからだ。

とはいえ、自分なりの方法でタープ泊を試した。

そのきっかけになったのが、マルトのRKー02という横型の輪行袋。たいていの輪行袋は、縦型も横型も筒状だ。自転車に合わせて形状も独特。しかしRKー02は三辺がジッパーで開くようになっており、開くと

マットはイナーティアXライト、寝袋はシルクシーツで代用するなど、夏ならではの突っ込んだ軽装備をサドルバッグに収めてキャンプ場に向かった。

分不相応のカーボンロード・ルック595に自作のサドルバッグ（176ページ参照）を装着。装備を収めたサドルバッグ重量は脅威の2.4kg。自転車込みの総重量は10.4kgに過ぎない。

ほとんど矩形の一枚布になる。いかにもタープとして使えそうだ。兼用で重量が増えないのであれば、タープで夜を過ごしてみたくなった。

期待どおり、ＲＫ－02は即席のタープになってくれた。輪行袋なのでロープを通すようなハトメはないが、小石や松ぼっくりなどを包んで突起にすれば、ロープを結ぶことができる。立木を利用して持ち上げ、四隅から伸ばしたロープをペグダウンすれば、即席タープの完成。

ちょと面積が足りず、頭を優先すれば、足先は露天になってしまうが、ビビィサックを用意したので問題ない。

ビビィサックは防水の寝袋カバーのようなもので、タープと同じようにＵＬの象徴になっている、ゴロ寝用の道具である。

こうして、２３０ｇのツェルトを実質ゼロｇの即席輪行袋タープで置き換えたが、１５０ｇのビビィサックが必要になったから、差し引き80ｇの軽量化ということだ。タープにしなくていい輪行袋なら、もっと軽い製品が選べるから、現実には軽量化の恩恵はほとんどないと言える。

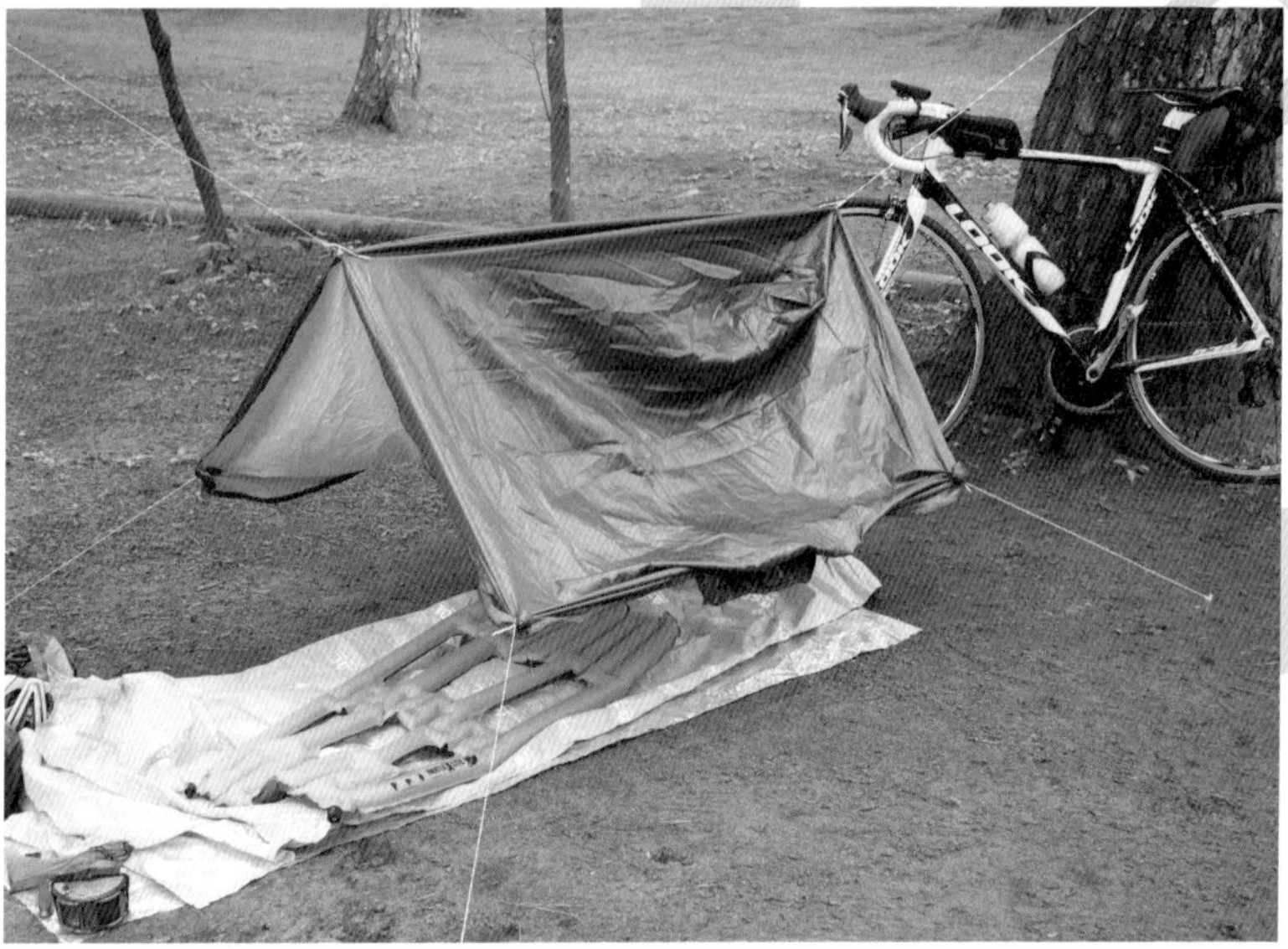

計画どおり、タープに変身した輪行袋。そのダークグリーンのカラーと相まって、まさに野営という趣き。やや長さが足りないが、ビビィサックに入るので体が濡れる心配はない。

結果として、タープでも問題なく夜を過ごすことができた。虫除けのおかげで虫刺されもなかったし、寒くもなかった（7月の平地で最低気温が20℃以上あったので当たり前だが）。

この時は、寝袋代わりにシルクシーツ、マットはイナーティアXライトを選んだこともあって、キャンプ道具の総重量は2・4kgまで抑えることができた。手持ちの中で最軽量の自転車を選んだので（7kg）、ライトや工具などを含めても総重量は約10kg……恐るべき軽さではある。走行中はキャンプツーリングであることを意識しないほどだった。

朝方、降らないと思っていた雨に見舞われたが、幸いほぼ無風だったので、タープの下にいる自分や荷物が濡れることもなく、ビビィサックのおかげで足下も無事。

特殊な例ではあるが、輪行袋と兼用できれば、重量を増やすことなくタープ泊できることがわかった。虫刺されや雨を過剰に心配することもなさそうだ。ただし、タープの下にいる限り空は見えないから、テントやツェルト以上の開放感があるわけでもなかった。

タープ泊を常用するかと聞かれれば、筆者は「否」だ。

ULと言えば聞こえはいいが、貧相にも見える装備のすべてと自分自身がキャンプ場にいる人から丸見えというのは、やはり落ち着かない。

松ぼっくりを包んだ上からロープを縛る。計６ヵ所から引っ張り、ペグを打てばとりあえずタープにはなったが……やはり、ツェルトのほうが快適で実用的だ。

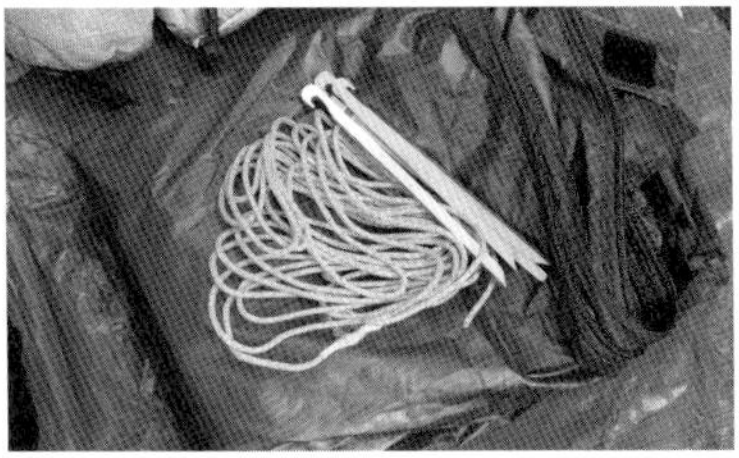

持参したガイラインの長さが足りず、近くの100円ストアでビニールロープを調達。通い慣れた大洗キャンプ場だったので、こんな装備を試すこともできた。

ツェルトに比べて明確なメリットがない。そしてデメリットが多い。

寝てる時も外から丸見え、というのはやはり気を使う。周りのキャンパーも「なにアレ？」と気にするかもしれない。

感覚的には、輪行で利用する列車にレーパンのまま乗り込む行為に近い。仮に本人は気にならなくても、周りがどう思うかは分からない。タープ泊は、キャンプというより野宿に近い、というのが偽らざる印象だ。カッコいい専用タープを使えば見た目は改善されるかもしれないが……。

タープとして使える輪行袋がサドルバッグに入っていれば、天気が悪い日にツェルトと併用してもいいかな、とは思う。ロープは現地で買えばいいし、ペグの代わりに石を利用すれば、プラスアルファの道具を用意せずに張ることもできる。

結局のところ、積極的にタープ泊を採用する必然性を自分は感じなかった。もちろん、自転車の車種などと同じように、「好き」という基準が趣味の最優先事項である。タープが好き、タープの下で寝てみたいと言うなら、どうぞお試しあれ。

固形燃料のすすめ

固形燃料と燃焼台、ゴトク、角形クッカー、チタンカップ。これだけあれば事足りる。チタンカップには収納時にかさ張らない落としぶたを自作した。

シェルター、寝袋、マットという三大アイテムを切り崩したら、いよいよ調理器具と向き合う時だ。便利なガスバーナーとお別れしよう。

軽さと小ささを優先するなら、自分のなかで確固たる答えが出ている。固形燃料一択である。

それもエスビットなどのアウトドア用固形燃料ではなく、１００円ショップやホームセンターで売っている固形燃料がベスト。旅館で鍋物などに使われている丸いタイプが代表的だ。「カエン」とも呼ばれ、アルコールの一種であるメタノールを固めた燃料である。ビニール袋に入ったゲル状のパック燃料も同様に使うことができる。

利点はいくつもあるが、まず特別な燃焼器具（バーナー）が要らない。ライターで点火するだけで使用できる。

ガスはもちろん、アルコールも燃焼器具が必要だから、この差は大きい。適当な台の上に固形燃料を置き、シンプルなゴトクを用意するだけで使うことができるから、お財布にも優しい。

燃焼台としてはエバニューのチタン製マルチプレート（カップのフタ）、ゴトクとしてはアルコールバーナー

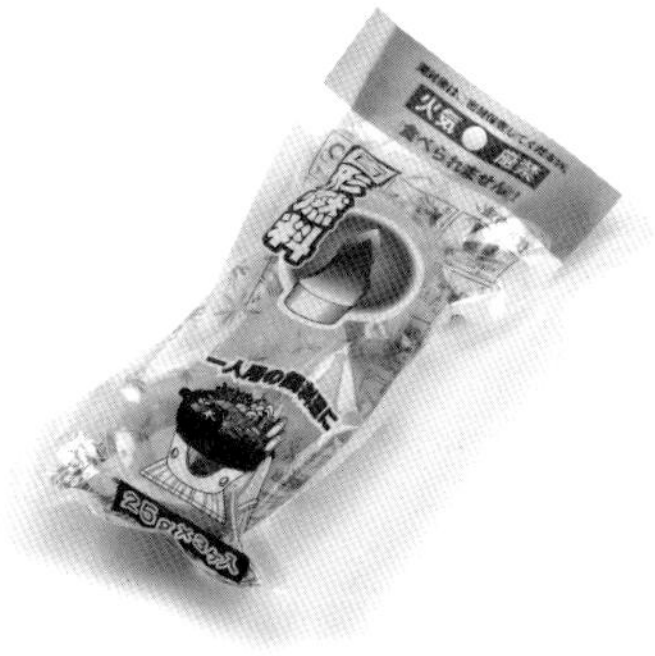

誰もが見覚えあるであろう100円ショップの固形燃料。軽装でのキャンプツーリングを支える鍋の下の力持ちだ。

アルコールバーナーもUL派に人気。燃料用アルコールは薬局で手に入る。しかし、軽さと省スペースの双方で、固形燃料に軍配が上がる。

このように収納する。かさばって重いガスカートリッジや特別な燃料タンクを必要としないのが、固形燃料を使う最大のメリット。

用のゴトク（中央に突起がないタイプ）が使いやすいが、ぶっちゃけ何でもいい。ツーリング中にエバニューのチタン製ゴトクを紛失したが（悲しかった）、それ以降、１００円ショップで見つけたアルミ製スポンジハンガーで代用している。むしろ使いやすい。

固形燃料を前提とした筆者の調理器具一式は、重量２３６ｇ（固形燃料のぞく）。ユニフレームの角形クッカーセットに入っている小さいほうの鍋と、エバニューのチタンカップを組み合わせている。

角形の鍋に丸いカップを入れるのは、スペースの無駄が大きいように思えるが、いい具合にフィットし、パッキングのしやすさと食器としての使いやすさが両立する。

また、思い切って荷物を減らしたい時は、チタンカップとマルチプレート、１００円ゴトクのみにする。これでも肉は焼ける。袋麺を食べたい時は、麺を何回かに分けて割り入れ、茹で上がるごとに食べる。手間はかかるが、小さい鍋で作っては食べ、作っては食べ、というのも意外と楽しい。

固形燃料は丸いタイプもパック燃料も、ひとつ25ｇほどの製品が普及している。これで燃焼時間は20分前後。400〜500㎖の水を十分に湧かすことができる。適当な大きさに切った牛肉なら、200gはじっくり焼ける。さらに、一合〜二合弱のお米がほど良く炊ける燃焼時間でもある。

固形燃料はススや匂いもほとんど発生しない。パッケージによっては、下部に巻かれたアルミ箔が燃え残ったり、少々のカスが出ることもあるが、気になるほどではない。

安さや入手のしやすさは言うまでもない。地方へ行くほど巨大な100円ショップやホームセンターが目立つ。地域やチェーンの系列を問わず、100円ショップなら25〜30gのカエンが3個入りで108円。パック燃料は4個で108円だ。

固形燃料は、夕食と朝食で1個か2個ずつ使うことが多い。100円ストアを見かけると2パック買い、それで二日間はだいたいOK。二日間移動して、まったく100円ストアやホームセンターを見ない、という地域は体験したことがないから(もちろん国内の話)、入手に困ったことはない。ガスカートリッジはもちろん、エスビットなどアウトドア用燃料に対しての大きなアドバンテージだ。

チューブに入ったゲル状の燃料もあり、ほぼ同じように使える。ただ、炎の面積が広がりやすいので、一時的な火力は強いものの、重量当たりの燃焼時間は短くなるようだ。カエンやパック燃料のほうが使いやすく、無駄が少ない。

持ち運びやすく、使えば使った分だけ重さと容積が消えてくれるのも、固形燃料の素晴らしい長所だ。アルコールバーナーのように燃料用のボトルを用意する必要がない。

一度、似たようなものだろうと思って「文化たきつけ」という着火材を使ったことがある。これは大失敗。無闇に炎の広がりが大きい上に、成分が灯油なのでススが大量に出てクッカーが真っ黒になってしまった。成分がエタノールの着火剤なら、問題なく使うことができる。

ソロツーリングで使う小さなクッカーでの調理なら、ほとんど固形燃料で事足りるが、もちろん限界もある。

1ℓ以上の大きな鍋やジンギスカン鍋、網を使った焼き物などは、さすがに固形燃料の手に余る。ガスバーナーに比べると、圧倒的に火力が弱く(複数の固形燃料を同時に燃やせば火力は増すが)、調整もできないか

さらに荷物を減らしたい時は、チタンカップひとつだけを携行。これでも十分に調理が楽しめる。

固形燃料は風に弱いので、チタン製のごく薄い風防とセットで使っている。お米も問題なく炊ける。

湯沸かし時間の比較

水400㎖を沸騰させるのに要した時間を比べてみた（無風で気温25℃の屋内）。さすがにガスバーナーが圧倒的に早く（特にジェットボイル）、文明の力を感じさせる。固形燃料もアルコールも非力極まりないが、焦って湯を沸かす必要がないソロのキャンプツーリングなら、実用上問題ない。

固形燃料（100円ショップ）	**5分26秒**
固形燃料（エスビット2タブレット）	**7分48秒**
アルコールバーナー（トランギア）	**5分51秒**
ガスバーナー（イワタニプリムス・153）	**2分03秒**
ガスバーナー（ジェットボイル・SOL）	**1分30秒**
ガソリンバーナー（オプティマス・スベア123R）	**3分28秒**

ら、何人か分の食事を共同で調理するといったシーンで使うのは難しい。

また、少しでも風が吹いていると、風防でしっかり囲わないと実用的な火力が得られない。そのため、薄いチタンシート製の風防を常備している。その外側にソーラーパネルを屏風のように立てると、いっそう風の影響を抑えることができる。

いったん炎を吹き消した固形燃料は、著しく火力が落ちる。そのため、使い切るのがベター。燃焼時間が足りなければ、惜しみなくもうひとつ投入すればいい。燃焼時間が余ったら、とりあえず湯を沸かし、クッカーをキレイにしている。

たった108円で手に入る燃料に、ここまで入れ込むとは我ながらおかしいが、実際に便利だから仕方ない。燃焼器具を使うメカニックな楽しみはないが、長期のツーリングほど固形燃料は心強い。

軽さや小ささを優先したキャンプ道具は、意外と安上がりで済むことも多い。テントよりツェルト、ガスバーナーより固形燃料のほうが圧倒的に安い。軽いほど高価になる自転車部品に慣れてしまった身からすると、妙に新鮮でうれしい発見だった。

バッグの改造と自作の可能性

「(足が短い) キミのサイズのホリゾンタルフレームで、よくオルトリーブのシートパックが使えるね〜」と、失礼にも鋭い指摘をいただくこともある。実は、かなり改造しているのだ。

自転車やバッグを、基本的に素人である一般ユーザーが改造したり、自作するのは難しい。効果も薄いし、リスクも伴う。模型ならどんなにリスキーな工作をしても構わないが、自転車は命を乗せる乗物。バッグであっても、それが不意に壊れたり、落下したら重大な事故を引き起こす可能性がある。だから、下記はあくまで参考にしてほしい。

効果的な改造の余地がある、ほとんど唯一のバイクパッキング用サドルバッグが、オルトリーブのシートパックだ。

カッコ良さと上質な造りに惹かれて手に入れたシートパックだが、取り付けるためには、ヤグラの下からシートクランプまで長さ13㎝も必要とする。だから、スローピングならともかく、ホリゾンタルフレームのロードバイク（サイズ50㎝）にフィットさせるのは難しい。でも使いたい……それが改造の理由である。

他社のバッグは、各部のベルトを縫製によって本体に接続しているが、オルトリーブのシートパックはビス留めを多用している。縫い目をなくして防水性を高めるためだが、この構造によって、サドルレールやシートポストに固定するベルトを、バッグ本体から外すこ

標準のシートパック（右）と、ホリゾンタル用に手を加えたシートパック。シートポストに巻くベルトを一本に減らし、前端を短縮。それに合わせて、シートレールに通すベルトの位置も後退させている。つまり、シート集合部やシートステーに干渉する部分を削ぎ落としたのだ。なお、オルトリーブの本国Webサイトを見ると、筆者による仕様変更と同じようにシートポストに巻くベルトを一本にし、全体を小型化した新モデル「シートパックM」が発表されている。

とができる。

うまくフィットしなかった理由は、シートパック先端の固定部が広いのが理由だ。そこで、2本あるシートポストの固定ベルトを一本にし、アルミ製の固定台座を省いた。さらに、バッグ前端を縮め（先端を少し切り落とし、ゴムシートを接着して塞いだ）、それに伴って内部プレートを1㎜厚のポリエチレンシートで作り直した。前端が縮まった分、シートレールにくぐらせるベルトを後退させるために、取り付け位置を3㎝ほど後方に移している。

こうして何とかホリゾンタルフレームでも付くようになったが、バッグ全体をあまり前傾させることができないため、パッキングによっては「中折れ」のような状態になることが多い。そこで、底面にもポリエチレンシートを追加し、中折れを防いでいる。

これらの改造によって、サドル下とフレームにバッグの先端が密着するようになって安定感が増し、重量も48g減った。元が実測456gあったので、1割の削減。一石二鳥だ。一ヶ月以上のツーリングでも問題を生じなかったので、改造は成功といえるのではないだろうか。

シートパックは各部のベルト固定にボルト＆ナットを使っているので、分解することができる。まずはシートポストに巻くベルトを一本だけにする。

前傾が浅くなり、荷崩れを起こしやすいことが判明したので、底部に長い樹脂プレートを追加。標準の場合、前端部がよりしっかり固定でき、角度も付くため底板は必要ない。

前半部に入っている樹脂プレートを、試行錯誤の末に作り直した。標準は前端部にも樹脂プレートが連続するコの字型だが、そこを割愛しシートステーに干渉しない形にした。

この改造に味をしめたので、次はサドルバッグを丸ごと自作してみた。

ミシンを使える技術は持ってないので、改造の時と同じようにポリエチレンシートを加工し、市販のスタッフバッグ（容量10ℓ）を使ったホルスター式のサドルバッグをでっちあげた。

ベルトやリリースバックルは登山用品店で購入した物をボルトとナットで留め、ポリエチレンシート同士の接続はタイラップを使った。少々乱暴な工作だが、強度は市販のバッグと同じようにベルトが担っているので、それなりに実用的なモノに仕上がった。

材料費は2000円ほど（スタッフバッグを除く）、そして重量は230g。安くて軽い。しかし素人による工作だけにダサさは否めず、耐久性もやや怪しいが、2・4kgという軽いキャンプ装備を入れて距離100kmほど走った限りでは、破損の兆候はなく、安定性も十分だった。

薄手の汎用スタッフバッグを使っているため、荷物のパッキングにはコツがいる。市販のホルスター型サドルバッグに付属する専用スタッフバッグを見ると、生地が厚くて先すぼまりになっている。だからバッグ

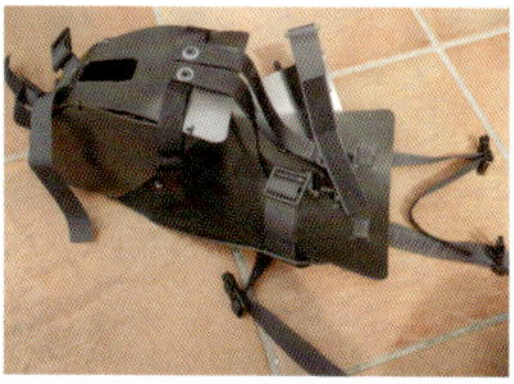

先端部の形状を自分の自転車に合わせることができるので、フィット感は悪くない。樹脂プレート各部の結合はナイロンストラップによる。布地を使うより製作が簡単で強度に優れるが、見た目は……。

工作用の樹脂プレートと登山用品店で入手したリリースバックル・ベルト、ベルクロなどを組み合わせて、市販の10ℓスタッフバッグを保持するホルスター型サドルバッグを自作してみた。安上がりで軽量だが……。

スタッフバッグが先細りになるよう、パッキングを工夫する必要がある。この点、ブラックバーンやトピークの専用スタッフバッグはちゃんと先細り形状になっており、荷物が収めやすい。

の外形に合わせてパッキングしやすいんだ、と改めて気付いた。

　自作の大きなメリットは、コストや軽さもさることながら、自分の自転車に合うカタチを追求できることだ。ここの自作例では、特殊な形状のシートポストに合わせて、ホルダー上部に凹みを設けている。先端の上下を薄くすれば、小さいフレームにも付けやすいバッグが作れるだろう。

　最近は、自転車用バッグをオーダーメイドしてくれる工房も増えつつある。フレーム形状にぴったり合うフレームバッグが欲しい場合は、特にオーダーメイドが有効だ。用途と必要な容量が定まってきたら、自分だけの専用バッグを作ってもらうのもいいだろう。

168ページで紹介したタープ&ビビイの軽装備なら、自作サドルバッグに収まった。あくまで実験であり、このスタイルでキャンプしたのは一度だけだが、自作の可能性があることは確かめることができた。

一周して、便利な道具に戻る時

カセットガス対応のバーナー。軽さが身上のバイクパッキングでも、たまには便利さを優先する時もある。便利さと軽さは相反するが、選ぶのはあなた次第。

キャンプ道具のUL化を押し進めていくと、自立型のテントやガスバーナーが、超古代文明のロストテクノロジーのように思えてしまう。久しぶりにそれらを使うと「なんて便利なんだ!」と驚く自分がいる。

別れた文明の利器に再登場してもらうこともある。たとえば、10歳の娘とキャンプツーリングに出かけた時は、キャンプの快適さと便利さを優先してテントとガスバーナーを選んだ。飛行機輪行で八丈島を訪れたのだが、そうなると機内に預けられないガスカートリッジは、現地で調達しなければならない。

そのため、家庭用のカセットガスが使えるタイプのバーナー(イワタニ・ジュニアコンパクトバーナー)を選んだ。重くてかさ張るが、現地のスーパーで確実にガスが買える。一緒に買った「明日葉そば」をキャンプ場で素早く茹で上げ、娘の空腹を充たしてやった。固形燃料でちまちま茹でていたら、気の短い娘は「帰る」と言い出しかねない(汗)。

この時は娘がテント、自分がツェルトで寝た。ツェルトを見た娘は「父ちゃん、本当にこれで寝るの?」と驚いていたが、テントには安心感を覚えたようだ。

自分のテントやガスバーナーは、もっぱら布教用の貸し出し品になってしまったが、たまにはソロで使うこともある。

２０１６年５月、熊本地震に伴って開設されたボランティア村を利用した際は、テントを持参した。一日だけ瓦礫の片付けを手伝わせてもらったのだが、ボランティア村の特設キャンプサイト（大学の駐車場）では、自立型のテントでないと張れないことが予想されたからだ。

ボランティアをした理由は、遊びで九州をツーリングする前の言い訳みたいなもの。ボランティア村を出たらテントは自宅に送り返し、ツェルトでキャンプツーリングを続けた。九州は坂が多いので、少しでも軽くしたかったから。このように、状況に応じてテントとツェルトを使い分けるのもいいんじゃないかと思う。

長期ツーリングの場合は「補給物資セット」を用意することもある。テントやガスバーナー、予備のライトやバッグ、防寒着、パソコンなどを段ボール箱に詰めて、あらかじめ自宅に置いていくのだ。必要に応じて段ボール箱を家人に発送してもらい、出先のホテルや郵便局留で受け取るという算段だ。

たとえば、今は本州を走っていても、平坦な地形が広がる北海道に入ったら、装備の軽さより便利さを優先したくなるかも知れない。そんな時は、ツェルトをテントに交換してもいいかなと思ったし、ガスバーナーを装備に加えたくなるかもしれない。

この補給物資セットを実際に送ってもらったこともある。結局テントやガスバーナーは入れたままで送り返したが（クリーナー、オイル類をよく使った。あとはパソコン）、補給物資セットの存在は心強かった。自宅に送り返す度、なにがしかの土産を同梱しないと怒られそう、という懸念もあったが……。

軽さや小ささだけを追求すると、妙に気疲れすることもある。それは結局、走行性能の追求に他ならないから、たまには距離も速さも忘れ、キャンプで過ごす時間をもっと重視してもいいかなと思う時もある。

服を気分で選ぶように、自転車やキャンプ道具もいろんな選択肢があったほうが楽しい。たき火台を用意するとか、紙の地図や時刻表を持ったっていい。薫製に凝る仲間もいる。釣りが好きな人は竿をバッグに入れたくなるだろう。

そんな趣味の道具を持つ余裕も、バイクパッキングの可能性だと思う。

バイクパッキングは出会いが減る?

サイドバッグを吊るした自転車で旅をしていた頃は、実に出会いが多かった。

残念ながら異性とのロマンチックな出会いなどはなく、興味本位で話しかけてくるオッサンがほとんどの相手だ。サイドバッグを付けていると、一般の人には何か特別な旅をしているように見えるようだ。「日本一周してます」といった答えを期待しているようにも思えるし、なんで自転車で旅してるの? とか、本人もよく分からない根源的な問いを浴びせられたりする。

そして、コレ持ってけ、コレ食べてけ、なんだったら家に泊まってけ……という話の流れになることも。昔は貧乏旅行だったから助かることもあったし、地元の方や普段は接する機会が少ない職業の方がする話は、やっぱり興味深いこともある。

見知らぬサイクリストとも、お互いにサイドバッグを付けた自転車に乗っていると、それだけで会話が生まれた。どこ走ってきた、あそこはどうだった……などなど。

しかしいつ頃からか、こうした出会いを少し煩わしく感じるようになった。別に変わったことはしてませんよ、ただの休日サイクリングなんですよと恐縮してしまう。同時に、自分の自転車に「日本一周中」なんて札を付けてるサイクリストやライダーを見ると、やや辟易しなくもない。好きで遊んでるだけなんだし、積極的に自己主張するほど偉いことなの? と突っ込みたくもなる。

個人的には、バイクパッキングの大きな魅力は「さりげなさ」だと感じている。ただのロングライドをしてるようなスタイルに近いのに実はキャンプツーリング、というのが粋だ。バイクパッキングでも、装備を外部に懸吊すると「日本一周してます感」が醸し出されてしまうので要注意ではある。

実際、バイクパッキング仕様だとステルス性能が高く、目立たない。だから、出先で見知らぬ人に話しかけられることが格段に減った。おかげで気負わずにキャンプツーリングを楽しめるようになった。少し寂しくもあるけれど、気軽さが心地よい。ま、結局は自意識過剰なのだろうけど(汗)。

PART 5

実践　バイクパッキング

自転車仲間と体験した
週末キャンプツーリングをリポート。
峠と古道という、サイクリングにおける
普遍的なテーマを通して、
バイクパッキングの可能性と楽しさを
感じていただければ嬉しい。

峠を越えて

サイクリストにとって、峠ほど心を揺さぶられるシーンはない。
それが信州の峠であれば、なおさらだ。鬼無里と白馬を結ぶ嶺方峠を訪れ、木崎湖へ。
この原点にして頂点と言える王道コースをバイクパッキングで駆け抜けた。

リニューアルが完了し、和風になった長野駅に降り立つ。この日も輪行でやってきたサイクリストを大勢見かけた。お互いマナーよく輪行して、この素晴らしい制度を末永く活用したい。

早朝の長野駅は、輪行袋を担いだサイクリストが目立つ。新幹線を利用すれば都内から8時前には着くことができる。ホームを降りた瞬間、身を包む涼しさに口元が緩む。やっぱり夏場のサイクリングは信州に限る。

改札口を目指して歩いていくと、すぐに見覚えのある背中を見つけた。しばしばキャンプツーリングをご一緒させていただくサイクリスト、吉岡利通さんだ。

バイクパッキングらしい大型サドルバッグを活用するサイクリストは珍しくなくなったが、キャンプとなるとまだまだ少ない。ところが、吉岡さんは自分以上にバイクパッキングでのキャンプツーリングに熱心で、毎週のように実践を重ねている。お互いの自転車とバッグ、装備内容を比べ合いつつ、走って飲んで寝て……を共に繰り返してきた。

だから、気兼ねなく「今度の週末、キャンプ行こうぜ」と誘うことができるし、コースの好みも似ている。暑いから信州でキャンプしたい。それだけの理由で、コースもキャンプ場も自然にまと

ディスクブレーキだと輪行が難しい、という風聞を耳にするが、実際は何の問題もない。ブレーキパッドが閉まらないようにスペーサーを用意するだけ。最近はスルーアクスル用のエンド金具も登場した。

まっていく。趣味の合う仲間は、本当にありがたい存在だ。

嶺方峠を越えて木崎湖へ。多くのサイクリストにとって、もはや説明不要のゴールデンコースだ。長野駅から木崎湖のキャンプ場までは最短コースを選ぶと60㎞ほど。木崎湖は早春にも吉岡さんと訪れた。その時は戸隠から大望峠を経由して嶺方峠を越え、100㎞ほど走った。今回は暑いし、撮影の時間も確保したいので、シンプルに木崎湖を目指すことにした。

駅前で輪行袋をひもとき、いつものように自転車を組み立てる。日帰りのサイクリングと同じように、5分もかからずに走行可能となる。この身軽さがバイクパッキングの醍醐味だ。周囲で同じように自転車を組み立てているサイクリストは、僕らがキャンプ装備まで整えているとは思いもしないだろう。

ただのロングライドに出かけるように見えて、実は俺たちキャンプもやっちゃうんだぜ? そんな妙に倒錯した優越感に軽く浸りながら、走り出すのだった。

裾花大橋の赤い橋脚を見ると、鬼無里に近づいてるなと実感する。ここにダムがあるので、国道406号線はダンプなど大型車の通行がやや多い。慎重に進んでいこう。

久々に信号が現れたら、それが鬼無里の中心地。道の駅やお焼きの名店もあるが、陽射しがよい午前中に峠に着きたい我々は、淡々と先を目指す。

長野駅から鬼無里の集落まで、食事できるようなポイントはないが、自販機は点在している。夏場のサイクリングでは自販機とちょっとした日陰がオアシスだ。

国道406号線を淡々と西に向かう。20km先の鬼無里という集落まで、裾花川沿いに緩いアップダウンが続く。マイペースで走れば息が切れることはないが、さすがの信州も7月ともなると汗ばむ。駅前の気温表示は28℃だった。猛暑日が続く東京に比べればかなりマシだが、思いのほか暑い。自動販売機を見かける度、停車してグビグビ喉を鳴らす。走り出して一時間も立ってないのに、頭の中はキャンプ場で飲むビールでいっぱいだ。

鬼無里という山里には、京の都を思わせる雅な地名が点在する。東京、西京といった地区名看板が現れ、随分と古くから人々の往来があったことを感じさせる。バイクパッキングに身を包んだ最新のロードバイクで進む我々だが、決してアスリートではなく、峠越えのロマンにひかれるツーリストである。鬼無里を過ぎて徐々に勾配が増してきた道を、のんびりと進んでいく。

クルマが少なく静かな峠越えは、自然と会話が弾む。仲間の近況や使った道具の印象、これから使う道具への期待など、話は尽きない。今季の新アニメの推しキャラは、最近作ったプラモは……

淡く霞んだ北アルプスが待っていた嶺方峠。真っ白に装う冬もいいし（国道は除雪される）、残雪が輝く春もいい。緑萌える初夏は言うまでもない。結局、一年中訪れたくなる峠だ。

なんて話題に及ぶ頃には峠が近づく。二人とも根がオタクなのだ。だから、バッグやキャンプ道具にもこだわるのかもしれない。

嶺方峠。標高は１１００ｍ。地形図にこの名前はなく、峠を越えた白馬側にある集落の地名が嶺方なので、便宜的にそう呼ばれているようだ。鬼無里からの上りは緩く、三桁国道によくある地味な道である。信州は２０００ｍ級の峠がゴロゴロしているので、１０００ｍほどの峠が威張れたりしない。

それでも多くのサイクリストが嶺方峠を訪れるのは、そのピークである暗いトンネルを抜けた途端に現れる北アルプスの絶景が、あまりにも劇的で素晴らしいからだ。しかし、霧に包まれることが多く、晴天に恵まれた晩秋～初夏でないと絶景を拝めないことが多い。

今回、湿気の多い夏場なので北アルプスの展望は半ば諦めていた。それでも、トンネルを抜けると、ちゃんと期待以上の絶景が待っていた。峠は少しひんやりした空気に満ちていて、汗が引いていく。やっぱり夏は信州に限る。

共にバイクパッキング道を突き進む頼れるサイクリスト、吉岡利通さん。自転車はスペシャライズドのルーベ。フロントフォーク上部とシートポストに独自の振動吸収機構を備えており、抜群の乗り心地を誇るロードバイクだ。軽いスローピングと下がったシートステーというフレーム形状は、バイクパッキングと相性がいい。装備はAltura Vortexシートパックと、リクセンカウルのアダプターを利用した小さなフロントバッグに収納。黒くて丸い円盤は「倒れることがないエンド金具」というアイデアが秀逸過ぎる自作道具。ツェルト、固形燃料、軽量輪行袋（ポケットイン）と、UL装備のお手本と言える荷物の数々。自転車を含めた総重量は14kgほど。

木崎湖キャンプ場は混んでいた。ちょうど三連休の初日だったので当然だろう。標高が760mもあるから、真夏でも涼しい別天地だ。湖面を渡る風が心地よい。もっとも、寒い季節に訪れると心底凍える場所であり、我々も4月には氷点下を味わった。

　キャンプサイトを埋め尽くすような大型テントの合間を縫って、ツェルトを張る。自立型テントのようにポンと好きな場所に張れるわけではないから、混むキャンプ場はちょっと心配なのだが、自転車と立木をポール代わりにして、なんとか上々の場所に張ることができた。

　寝床を確保したことで、安心して入浴と買い出しに出かける。キャンプ場のすぐ近くに近代的な入浴施設があるのがうれしい。一方、スーパーがある大町の市街までは5㎞ほど走る必要がある。近くのコンビニで済ませてもいいのだが、ここはスーパーまで足を延ばし、抜かりなく信州牛を調達した。

　ツェルトの前にグラウンドシートを広げて、宴の開始。冷たいビールが気絶するほど美味い。キャンプを始めてから酒量が増えたと、まるで自分を責めるように吉岡さんが言う。キャンプ場で飲むビールが普段の何倍も美味いのはまぎれもない事実だから仕方ない。酒飲みになったのは、本人にその資質があったからに過ぎないだろう。さあもう一杯……。

翌朝、小熊黒沢林道を駆け上がる。木崎湖からの標高差は500mほど。急勾配が続くが、バイクパッキング仕様のロードバイクなら丘の如し……なんて言える脚力はない。滝のように汗を流してノロノロ進んでいくのだが、止まらなければいずれ坂は終わる。

サイクリストにとっての小熊黒沢林道は、嶺方峠と位置づけが似ている。どちらも上りきると絶景が広がる。小熊黒沢林道は、そのピークにあるパラグライダーの発着場がハイライト。眼下に木崎湖が広がり、達成感が倍増される。パラグライダーのように空は飛べないけど、我々には自転車という夢のツバサがある。バイクパッキングなら虎にツバサと言ったところ。俺たちの旅はこれからだ！

キャンプ場のそばにある入浴施設、ゆーぷる木崎湖。汗を流してさっぱりしたら買い出しへ。逆はダメ。ビールが温くなる！

木崎湖沿いを走るJR大糸線。不意にやってきた臨時特急に胸がときめく。輪行の影響か、サイクリストには鉄道好きも多い。

キャンプ場で飲む一本目の冷たいビールほど、幸せを感じさせるモノはない。走ってよかった、キャンプでよかったと心底思える瞬間。

小熊黒沢林道のピークからは、さっきまでいた木崎湖を遥か眼下に望むことができる。湖畔の着陸場所にピタリと降りていくパラグライダーに感服するが、ここまで上ってきた我々もなかなかのモンじゃないか？

ダートを抜けて

サイクリングで得られる達成感の源はなんだろうか？
走行距離、獲得標高、それとも速さ？
そのいずれとも違う、非日常的な体験ができるのが未舗装路、いわゆるダートだ。
林道、トレイル、古道が入り交じる奈良の里山をバイクパッキングで訪れた。

ほとんど衝動的にグラベルロードを買ってみた。本書でも随所に登場しているエディメルクスのストラスブール71というモデルだ。たまにはダートも走りたいし、バイクパッキングに適したスローピングフレームのロードバイクが欲しかった。

MTBもランドナーも持ってるじゃないか、と理性は強く訴える。しかし……。

4サイドバッグに固執してバイクパッキングの魅力に気付かない、テントしか使わずツェルトの快適さを知らない……いずれも少し前の自分である。グラベルロードというやや得体の知れないジャンルの自転車にも、確かな存在理由があるのかもしれない。畳と女房は新しいほどいい、という妻に言ったら殺されそうなことわざが

あるけれど、新しい自転車は確実に自分の可能性を広げてくれる……はずだ。

　こうして理性を言い負かし、ストラスブール71を手に入れた。そして、走る前から筆者を喜ばせてくれた。これまで取り付けに苦労した大型サドルバッグの数々が、付くわ付くわ、選び放題である。スローピングフレームとディスクブレーキは、やはりバイクパッキング適性が高い。元々MTB用に作られたバッグがほとんどから、それに近づいた仕様の自転車とは実に相性がよい。

　無論、自転車はバッグのハンガーではない。走らなければ価値がない。

　ありがたいことに、トレイルの師匠と呼ぶべき先輩に恵まれている。京都は宇治にお住まいの徳尾洋之さんだ。京都北山のトレイルをご一緒したこともあり、その経験と確かな走行技術に感服している方である。「私をダートに連れてって。グラベルロードだから、あんまりハードじゃないところをお願い。泊まりはキャンプで」という無茶振りを快く引き受けてくれた。

　本当にサイクリング仲間はかけがえのない存在だ。経験がサイクリングにおける最強の装備だと思っているが、それは結局、人との繋がりなのかもしれない。

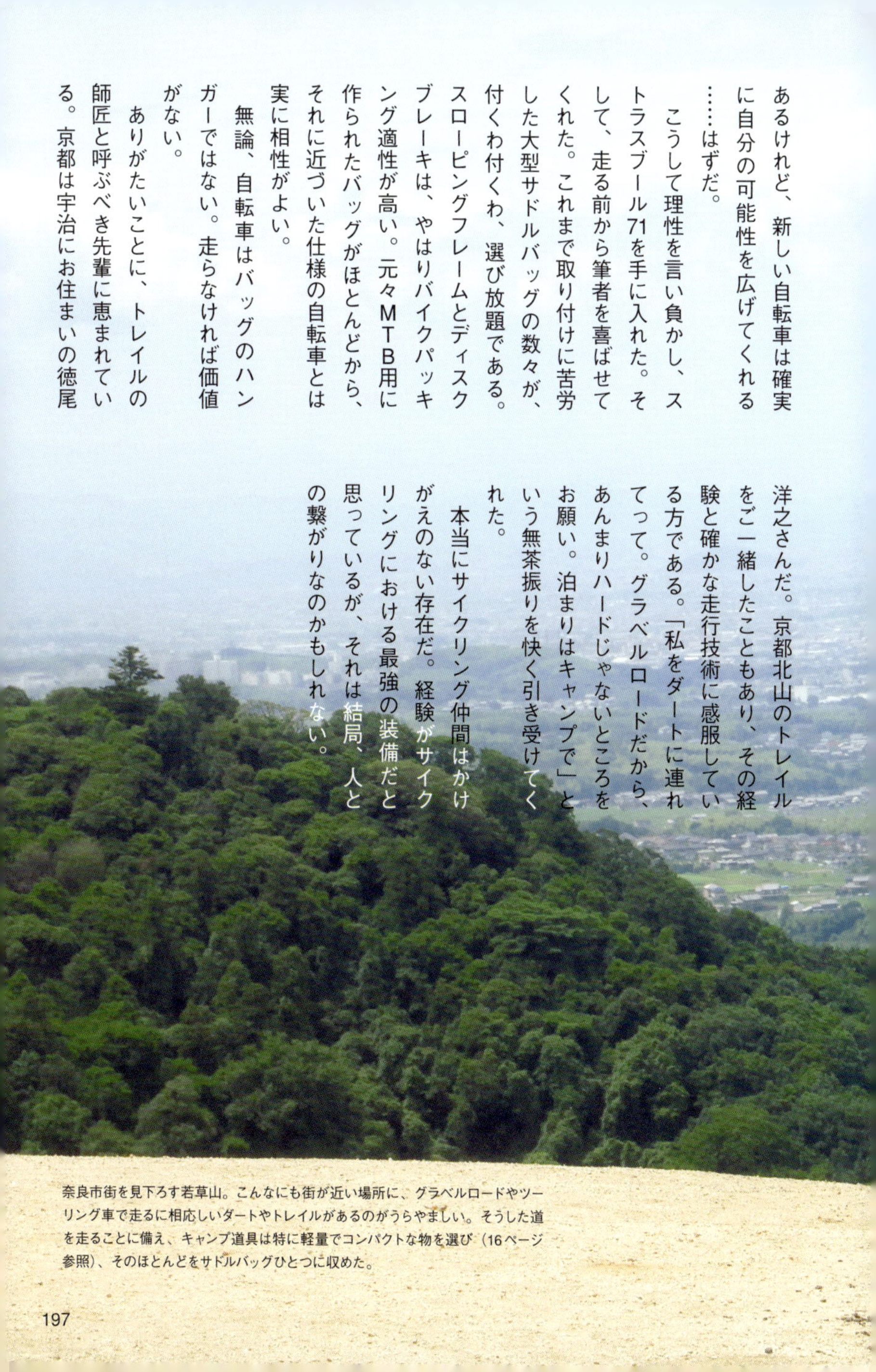

奈良市街を見下ろす若草山。こんなにも街が近い場所に、グラベルロードやツーリング車で走るに相応しいダートやトレイルがあるのがうらやましい。そうした道を走ることに備え、キャンプ道具は特に軽量でコンパクトな物を選び（16ページ参照）、そのほとんどをサドルバッグひとつに収めた。

集合は近鉄奈良駅。走り出すとすぐに奈良公園だ。7月半ばの盆地だから蒸し暑い。観光客と鹿の間を縫うように移動する。

こんな一大観光地にグラベルロード向きの道なんてあるのだろうか……と思いながら徳尾さんに付いていくことしばし。急に樹木が濃くなり、舗装が途切れる。世界遺産に指定されている春日山原始林を巡る道だ。普通のロードバイクでも慎重に進めば問題ないが、今日は35Cのセミノブタイヤを履いたグラベルロードである。締まった砂利道なら、ほとんど自転車任せでぐいぐい進んでいける。

林間の砂利道をおよそ5㎞進み、標高300mほどアップすると、若草山の頂上に出た。胸が空くような眺望が現れ、奈良の市街地が眼下に広がる。関東平野に住んでいる身からすると、山と街が近いことに驚く。

若草山から奈良奥山ドライブウェイへと進む。名前は大層だが、これまでと変わらぬ砂利道だ。少し下って、少し上り返すと舗装路が復活し、旧柳生街道に入る。剣豪の故郷として知られる柳生

奈良公園を過ぎると、鹿が随所でお出迎え。鹿せんべいを持ってない我々にも寄ってくる。バッグに収めた補給食が狙いか？

東京から新幹線と近鉄特急を乗り継いで奈良へ。9時には着いてしまうのだから、日本の鉄道は偉大だ。

若草山へ伸びる道。ロードなら気を使う砂利道だが、我々の自転車なら鼻歌混じり。ずっとこんな道なら楽なのだけど……。

と奈良の神域を結ぶ街道だ。江戸時代から続く峠茶屋があり、今も営業中。わらび餅とサイダーをいただき、ひと心地つく。まだたいした距離を走ってないのに、体が甘い物を欲している。

茶屋を辞して里に下ると、いよいよトレイルが現れる。今度はクルマなど通れない正真正銘の細道だ。土の感触を味わいながら進んでいく。周囲は杉の巨木に覆われ、薄暗い。カンカン照りの舗装された国道より、こうした古道のほうが夏場は心地よい。

ふと気付くと、いつの間にか徳尾さんがだいぶ先行し、背中が小さくなっていく。走りやすいトレイルとはいえ、グラベルロードのグリップ感を探りながら、おっかなびっくり進む自分に対し、トレイル慣れしている徳尾さんはスイスイ進んでいく。こちらが押し歩くような段差も、臆することなく乗車したまま越えていく。

徳尾さんは荷物の一部をリュックに収め、自転車側のバッグを小さめにしているのも、身軽な走りに貢献してるようだ。それぞれのスタイルに理由があることを実感した。

石切峠にほど近い峠茶屋で小休止。ほのかな甘みのわらび餅と冷たいサイダーが、火照った体を癒してくれた。

里山に伸びる古道のトレイルへ。水を得た魚のようにスムーズに進んでいく徳尾さん。うまい人の走りを間近に見ると刺激になる。おいそれと真似はできないけれど……。

このくらい整った路面なら、700×35Cタイヤを履かせたグラベルロードの範疇にある。とは言え、転ばないことを最優先にして、おっかなびっくり走る筆者。

時に水田をかすめて続く柳生の古道。なにげない里山風景が、はっとするほど美しい。人の営みを感じさせる道だ。

古道のトレイルは断続的で、しばしば集落や田畑に伸びる一般道を経由する。そこで徳尾さんに何とか追いつき、見つけた自販機で喉を潤した後、またトレイルに入る。これを何回か繰り返して、柳生の里へたどり着く。舗装路ならもう100㎞くらいは走った後のような疲労を覚えるが、ハンディGPSを見ると20㎞しか走ってないことに気付く。トレイル恐るべしと言うべきか、自分が単に未熟だと思い知るべきか……。ワクワクする高揚に苦笑が少し混ざった充実感がある。

砂利道と土のトレイル、遊歩道、そして舗装の一般道などが入り交じるコースでは、グラベルロードの万能性が遺憾なく発揮された。さすがにトレイルの下りや悪所では、MTBに比べたら乗車率が下がるが、そうした区間は全体としてはわずかだった。

「トレイルを走る」と意気込んで険しいコースに挑むなら、リュックを背負ってMTBに乗ったほうがいいだろう。もちろん装備は軽いほどいいから、日帰りが前提だ。

しかし、「トレイル〝も〟走る」という位置づけ

JR関西本線沿いに笠置へ向かう。名古屋と大阪を結ぶ幹線でありながら、このあたりは非電化の単線であり、ローカル情緒が濃い。

賑わう笠置キャンプ場。利用料金は600円とかなりリーズナブル。広々として気持ちよく、利用者が多いのも納得。

レール沿いに伸びる細道。小型のディーゼルカーは思いのほか静かで、目の前に現れる直前まで気付かない。

にして、林道や旧道で短いトレイルをつなげば、キャンプツーリングの可能性が高まる。グラベルロードやバイクパッキングの長所も活きるし、キャンプ場も選びやすい。それがまさに今回のコースであり、自分の無茶振りに応えてプランニングしてくれた徳尾さんには感謝するばかりである。林道はともかく、トレイルは走行経験のある方にご一緒していただけると本当に心強い。

柳生を抜けたら、布目川の渓谷沿いに伸びる車道を行く。トレイルが終わって正直ほっとするが、交通量が少ない舗装路は苔生しており、落石も多くて気は抜けない。いつの間にか京都府に入って木津川に合流。ＪＲ関西本線の鉄橋が現れ、レールに沿った細道で笠置に向かう。ディーゼルカーがすぐ脇を疾走していく。鉄道好きにはたまらない道だ。

ほどなくして、徳尾さんが選んだ笠置キャンプ場が見えてきた。木津川の河原にキャンプサイトが広がり、まだ陽が高い時間なのにテントが林立している。我々のツェルトは設営場所を選ぶので、早めに着いて正解だ。

結局、初日の走行距離は40㎞ほどに過ぎない。それなのにキャンプ場に着いたら「もう走らなくていいんだ」という安堵感に包まれた。決して距離だけでは表せない、濃密な時間だった。

走り終えたらサヨウナラ……じゃないのがキャンプツーリングの醍醐味である。さらに濃密な時間の始まりだ。手早くツェルトを張り、駅近くの入浴施設で汗を流し、買い出しに出かける。近隣にスーパーがないのでコンビニで食材を調達したが、ホルモン鍋やタイカレーなどで充実した宴を催すことができた。最近のコンビニ食材は本当に侮れない。徳尾さんはガスバーナーで手際よく、自分はいつもの固形燃料でちまちまと調理する。

河原のキャンプ場は風の抜けがよく、心配していたほど蒸し暑くなかった。数時間前まで無人のトレイルでひいひい言っていたのがウソのように快適だ。このギャップが面白い。のど元過ぎればなんとやら。やっぱりトレイル〝も〟悪くないなと実感した。明日はどんな道に出会えるだろうか。期待で胸を、ビールでお腹を膨らませて寝付くのだった。

京都北山のトレイルと信州の峠をこよなく愛する徳尾洋之さん。旅の相棒はビゴーレの「山と旅の自転車」。スチールフレームのMTBをベースとしたツーリング車であり、写真のモデルは650×42Bの車輪とディスクブレーキを備えている。小振りなフレームにバイクパッキング用バッグがよく似合う。サドルバッグはトピークのバックローダー6リットル。ここにツェルトやマットなどキャンプ道具の大半を収納。フロントバッグはティンバック2。トレイルでの自転車の扱いやすさを重視し、25ℓのリュックを併用。ここに寝袋など軽くてもかさ張る物を収め、自転車側のバッグは小さな物を選んでいる。

一本の巨木と、キャンプサイトに放置されていた長い杭を２本使ってツェルトをＬ字型に配置。「明日のトレイルは緩いから大丈夫でゲソ」と語る徳尾さん。サイクリストの言うことは……。

翌日は奈良盆地西部の矢田丘陵へ。案の定、自分には十分キツい。本格的なトレイルだとさすがにバイクパッキング仕様のグラベルロードと自分の乗車技術では荷が重いが、遊びの幅が広がるのは間違いない。そして、ゴールは京都の宇治。うまくなりたい、うまくなりたい（トレイル走行が）と橋の上でつぶやくのだった。

普段と違うモノを使ってみる

サイクリストは意外と保守的な人種かもしれない。一度いいと思ったら、ずっと同じことをしてるし、同じ自転車や装備を使い続ける。それが20年前の「いいね」だろうと、疑うことなく今もいいと思っていたりする。自分も人のことは言えない。結局ハタチ前後から始めたキャンプツーリングが好きで、不惑を過ぎても同じようなことをしている。

でも、性格が飽きっぽいというか浮気性なのか、乗る自転車の好みや使う道具へのこだわりは、時々で変わってきた。バイクパッキングに飛びついたのも、そんな性格の現れかもしれない……。

最近の浮気はふたつ。横型の輪行袋とワンポールテントだ。どちらも世間一般では当たり前だが、ベテランやマニア層には必ずしも評価されてない代物だと思う。

輪行袋は、車輪を外したフレームをサドルとエンドで立てて収納する「縦型」と、ハンドルとサドルを下にして収納する「横型」に大別される。前者のほうが設置面積が小さいので、鉄道車両内などで場所を取らず、マナー的に好ましいとされている。筆者も縦型の輪行袋を愛用してきた。

しかし、より軽量で小さくなる横型輪行袋を見つけたので使ってみた（ポケットインという銘柄）。すると意外に収納が楽だし、置き場所に困るなら、エンド金具を付けておけば縦にも置ける。あ、これでもいいんだというのが正直な気持ちだった。

ワンポールテントは、野外フェスやオートキャンプを楽しむリア充ども（うらやましい）が使う物で、ソロの自転車ツーリングにはデカくて重過ぎると思っていた。ペグを打たないと自立しないし、風雨にも弱そうだし……。しかし、とあるキャンプ場で見かけたソロ用のワンポールテントの形が四角錐で妙に可愛かったので、衝動買いしてみた（テンマクデザインのパンダ）。

重量が2kg以上あるので、ツェルトに比べると絶望的に重い。たたんでもデカい。しかし、バイクパッキング用のバッグに収まらないこともない。さすがに走行中は、特に上りで重さが恨めしくも思えたが、キャンプは実に快適だった。張るのも思いのほか簡単だったし、広い前室が雨天時の調理に大活躍。いいね、と素直に思ってしまった。

バイクパッキングのメリットが、軽さを追求できることにあるのは間違いない。けれども、それだけが魅力じゃないなと思わせてくれたのが、ワンポールテントだった。「重くできる」というのも、逆説的だがバイクパッキングの可能性かもしれない。

サイクリングは自由であるべきだ。ともすればドグマ（教条）や前例主義にとらわれがちな自分を見直すためにも、お小遣いが許す範囲の無駄遣いを楽しみつつ、新たな理想を探し続けたいと思っている。その過程にこそ、思わず笑みがこぼれるような充実感が待っている気がするし、求めていきたい。

優雅なワンポールテント。走りの軽さよりも、キャンプの快適さを
優先したくなる時もたまにはある。

あとがき

もの言わぬ道具たちの声

本書で紹介したバッグやキャンプ道具は、自分が所有して使ったことがあるものだけに限られている。その選択も使い方も評価も「あくまで個人の感想です」レベルであることに異論はない。筆者の思い込みや偏見に満ちているだろう。

それでも、時として身の安全を賭け、楽しい時も辛い時も共に過ごした、伴侶のような道具ばかりである。愛用の度合いに差こそあれ、ひとつひとつが「ご主人様、今度はどこへ行きましょうか？」「その役目なら、ぜひ私めにご命じを」と語りかけてくるような気さえする。

人は、自分が好きなモノには詳しくなりたいし、他人にも伝えて共有したくなる。本書は、バイクパッキングという自転車ツーリングにおける新しいスタイルの入門書という形を取っているけれど、バッグの取捨選択や装備を軽くするノウハウを伝えたかったのかと自問すれば、少し違うかもしれない。

自転車ツーリングが本当に好きだ。好きという気持ちに理由も説明もいらないと思うけれど、いつも誰かに伝える言葉を探している気がする。

体験した道の素晴らしさ、上りでの苦労と達成感、下りでの緊張と爽快感、そしてキャンプで過ごす非日常的な時間……。そんな体験を人に知ってほしいし、それが役立つことがあれば、なおさらうれしい。結局、人に認められたいという欲求なのかもしれないけれど、誰かと共有したいと思わずにはいられない素晴らしい体験を、自転車ツーリングはもたらしてくれる。

しかし、その気持ちを正面切って伝えるのは面映いし、うまく伝えられる自信もない。だから、バイクパッキングというフィルターを通し、バッグなどの道具にツーリングの魅力を代弁させようとしたのかもしれない。

田村 浩（たむら・ひろし）

1971年東京都生まれ。出版社勤務時代に自転車誌や鉄道誌の編集長を務めた後、「ひびき出版」を起業。その代表として、自転車誌『シクロツーリスト』と『ランドヌール』を刊行。サイクリストによるサイクリストのための本作りをモットーとして活躍中。自転車以外の趣味は、模型作りとアニメ鑑賞というインドア派。著書に『自転車で1日500km走る技術』（実業之日本社）、『頭脳で走るロングライドの実践術』（誠文堂新光社）、『自転車で100kmをラクに走る』（技術評論社）がある。
ブログ● http://cyclo.exblog.jp

取材協力：徳尾洋之、吉岡利通、自転車専門店ベロクラフト
写真撮影：島田健次、弘田充
表紙・本文デザイン：田中玲子（ムーブエイト）

バイクパッキング入門《にゅうもん》
自転車《じてんしゃ》ツーリングの新《しん》スタイル

2017年10月6日　初版第1刷発行

著　者　田村 浩
発行者　岩野裕一
発行所　株式会社実業之日本社
〒153-0044　東京都目黒区大橋1-5-1　クロスエアタワー 8階
電話（編集）03-6809-0452
（販売）03-6809-0495
http://www.j-n.co.jp/
印刷・製本　大日本印刷株式会社

ISBN978-4-408-33739-5（第一スポーツ）